［基礎編］

簿記のテキスト ［第二版］

村田直樹・野口翔平 ［編著］

創 成 社

はしがき

　本書は，複式簿記の初学者を対象とし，複式簿記の基本的な知識および技法の習得を意図して編集されたものである。本文中にも示しているように，複式簿記は，企業に投下された資本の全体としての価値が，資本の構成部分の価値の総和に等しい（貸借一致）という理論を基礎として，資本およびその構成部分の転換過程を記録することによって，資本の運動を把握する技法である。

　複式簿記は計算技法であるため，複式簿記を学習する上で重要となるのは，その基本的な構造を理解し，自ら問題を解くことで複式簿記を「体得」することである。本書では，多くの例題を設けており，学習者がそれらを解答することで複式簿記を体得することを願っている。

　本書は，旧版『簿記の基礎テキスト』（創成社）をベースに加筆・修正を加え，新たな書籍として出版したものである。近年，会計制度が変化し，最近の会計実務に対応するために，簿記検定試験の出題範囲が変更された。特に，日商簿記検定3級においては，改定前は個人商店を前提としていたが，改定後は小規模の株式会社を前提とした試験範囲になった。これに対応する形で，旧版に加筆・修正を加え，本書が刊行されるに至った。本書の執筆にあたっては，著者および編著者たちが，各章の内容や構成を検討し，さらに編著者の校閲によって全体の統一を図っている。

　本書の構成は以下のようになる。

　第1章と第2章では，複式簿記の基本概念および基本構造が解説されている。第3章から第11章では，取引の各論が解説されている。複式簿記の基本構造を理解した上で，各取引における処理について学び，多くの問題に触れ，的確な処理ができるようになることが重要である。第12章では，決算について解説されている。簿記の主要目的として挙げられる財政状態や経営成績の把握

が，貸借対照表や損益計算書を通して行われる過程を学習する。

　また，本書に対応した問題集『簿記の問題集　［基礎編］』（創成社）も刊行されている。さらなる知識の定着を図るために，問題集の問題に取り組むことをお勧めする。本書では，問題集への橋渡しとして，本書の例題に問題集の該当ページと問題番号を記載している。本書の例題を解き，問題集の問題を解答することで，より確実に複式簿記を習得することが可能となる。

　最後に，本書の刊行にあたり，格別のご配慮をいただいた株式会社創成社社長塚田尚寛氏，ならびに同社出版部西田徹氏に深甚の謝意を申し上げたい。両氏の寛大なご配慮および絶大なるご支援がなければ，本書を刊行することはできなかった。重ねてお礼申し上げる次第である。

　2020 年 3 月

編著者一同

目　　次

第1章

複式簿記の基礎

1. 簿記の意義

　簿記（book keeping）は，経済単位（企業，政府，公益法人，家計など）が行う経済活動（財貨やサービスの生産およびその供給や購入，金銭の収支や賃貸によって生じる利益や損失など）について，これを金額に換算して，継続的に帳簿に記録する計算技法である。しかし，経済単位の経済活動のすべてが簿記の記録の対象となるわけではなく，経済単位の財産の増減に関わるものを**簿記上の取引**（transaction）と呼び，これを記録の対象とする。簿記による継続的な帳簿記入によって，人間の記憶を補完し，さらに経済活動の物的証拠として，経営の基礎資料となる。また，外部から受け入れた財産を管理するものにとっては，自己の管理責任を明示するための資料となる。

　簿記は，日々の個別的な経済事象を記録し，計算して経済事象の全体的な状況および，その期間的成果を総括するものである。簿記の内容は，記帳記録そのものであるが，簿記は記録から総括の過程で，労働過程で意識された目的が達成されているかどうかを確認するための計算でもある。人間の労働は，目的を持っている。人間が労働過程に入る前に持った目的は，簿記の記録の途中や最終段階で確認されることになる。

　この確認は，その目的と結果を比較分析することによって行われるため，簿記は統制計算であるといえる。しかし，簿記が資本家や企業経営者のもとで展開されるときには，この統制計算から簿記は管理的機能を持つことになる。

2．複式簿記

　一般に，個人商店や企業などでは，**複式簿記**という簿記の形態が用いられている。複式簿記は，企業に投下された資本の全体としての価値が，資本の構成部分の価値の総和に等しいという理論（貸借一致の原則）を基礎として，資本およびその構成部分の転換過程を記録することによって，資本の運動を把握する技法である。この複式簿記は，簿記の記録・計算機構の違いから，**単式簿記**と対比される。単式簿記は，経済単位の取引を帳簿に発生順に記録していくもので，記帳方法が単純で，常識的ではあるが，各帳簿間に関連性がないため，期間損益の正確性や期末の財政状態が真実であるかの確認が不正確なものとなる可能性がある。これに対して複式簿記は，経済単位のすべての取引を組織的に記録し，決算を行うため，使用される帳簿が有機的に関連し，**自己検証能力**を持つ簿記である。

3．複式簿記の前提

　複式簿記は，いくつかの条件を前提として成り立っている。その第1は，**企業単位**の前提である。複式簿記は，個人商店であろうと株式会社であろうと，資本主や株主から独立した存在として，企業それ自体の経済的行為に関する記録・計算を行う。すなわち会計単位とは，独立した記録・計算を行う経済単位を意味し，簿記の記帳範囲を規定するものである。株式会社においては，会社全体，支店あるいは工場などのように，その範囲を限定して，記録・計算を行う。また，個人商店では，店主の事業と家計を分離して，記録・計算を行う必要がある。この前提は，複式簿記における記帳範囲を限定するもので，企業会計では**企業実体**の前提と呼ばれるものである。企業実体という概念は，経済的実体を意味するもので，法的な実体とは一致しない場合がある。たとえば，本支店のように一つの法的実体が複数の企業実体から構成される場合や，企業集

団のように一つの企業実体が複数の法的実体から構成される場合もある。

　第2は，**貨幣測定**の前提である。貨幣経済を中心とする現代の経済において
は，企業の経済活動を複式簿記によって記録・計算する場合，記帳の対象とな
るすべての経済事象を共通の計算尺度である貨幣量（円，ポンド，ドル，ユーロ，
ウォンなど）で計上するという前提である。

　第3は，**会計期間**の前提である。複式簿記では，記帳範囲や表現方法の限定
ばかりでなく，時間的な限定も要求される。株式会社の発達にともない，これ
が継続企業（企業会計では，企業の経済活動が永続するという仮定の上に成立してい
る）として定着すると，株主に定期的に配当を支払う必要から，企業の経済活
動を適当な期間に区切り，これまでの記録を整理し，一定期間の**経営成績**と一
定時点の**財政状態**を把握する決算を行う。この期間を会計期間あるいは会計年
度という。

4．複式簿記の目的と要素

　複式簿記の主要な目的には，（1）**備忘録および経営の基礎資料としての経
済行為の歴史的記録**，（2）**一定時点の財政状態の把握**，（3）**一定期間の経営
成績の把握**の3点がある。複式簿記は継続的で組織的な記録によって，人間の
記憶を補完すると同時に，誤謬の修正に利用することによって，効率的な経営
を行うための基礎資料となる。また，企業は，過去の経営成績や現在の財政状
態を把握することによって，将来の経営方針決定の基礎資料として複式簿記は
利用される。さらに，社会的な制度によって利害関係者に対して企業の現在の
状態を報告しなければならない場合には，その基礎資料となる。

　企業の財政状態や経営成績を把握するため，複式簿記では，企業の経済活動
の継続的な記録を行うにあたって，企業における取引を以下の5の要素に分類
して，金額に換算し記録，計算，整理を行う。

（1）資　産

資産とは，企業に投下された資金の具体的な運用形態の総称である。具体的には企業の所有する財貨や権利などである。

資産項目を例示すれば，

流動資産：現金，当座預金，受取手形，売掛金，有価証券，商品，前払費用など

固定資産：建物，機械，車輌運搬具，備品，土地，営業権，商標権，投資有価証券，長期貸付金など

繰延資産：創立費，開業費，社債発行費など

（2）負　債

負債とは，一定時点において，特定の会計単位が債権者に対して，後日，財貨や役務を提供する義務のことで，他人資本，債権者持分と呼ばれることもある。

負債項目を例示すれば，

流動負債：支払手形，買掛金，借入金，未払費用など

固定負債：社債，長期借入金など

（3）純資産（資本）

企業の総資産から総負債を差し引いた正味財産のことで，企業活動の元手となるものである。

純資産（資本）項目を例示すれば，

資本金，資本剰余金，利益剰余金，自己株式など

（4）収　益

財貨や用役の受入れによって，企業の財産を増加させる原因となる事象をいう。

収益項目を例示すれば，

　売上，受取利息，仕入割引，固定資産売却益，雑益など

（5）費　用

収益を獲得するために費消した経済的価値犠牲のことである。

費用項目を例示すれば，

　仕入，広告宣伝費，発送費，給料，減価償却費，支払利息，租税公課，有

　価証券売却損，雑費など

　このような複式簿記の要素のうち，資産，負債，純資産を記録・計算・整理することによって，複式簿記の目的の一つである，一定時点の財政状態を明らかにすることができる。このように期末の資産，負債，純資産の残高を一覧にして財政状態を示した表を**貸借対照表**という。

貸借対照表

| 資　産 | 負　債 |
| | 純 資 産 |

　また，企業の一定期間の収益と費用を比較・計算することによって，複式簿記の一つの目的である，一定期間の経営成績を表示することができる。この一定期間の収益と費用を比較・計算し，整理した計算書を**損益計算書**という。

損益計算書

| 費　用 | 収　益 |

5. 取引と勘定

　上述したように，複式簿記では，企業の資産，負債，純資産，収益，費用の各要素に増減変化をもたらす事象を取引と呼ぶ。これを**簿記上の取引**といい，一般的な取引とは区別される。簿記上の取引は各要素の増減変化をもたらす原因は問われず，たとえば，盗難や災害による現金や商品の減少は一般的な取引ではないが，結果的に資産の減少をもたらすことになるので，簿記上の取引に含まれる。また，土地や機械の賃貸借契約は一般的な意味では取引であるが，契約それ自体は各要素の増減をもたらすものではないので，簿記上の取引ではない。契約が履行され，費用等が発生した場合に簿記上の取引となる。

　複式簿記では簿記上の取引となるものは，すべて記録することになる。記録に際して，各取引の要素を細かく分類して名称を付け，勘定口座を設けて記録を行う。**勘定**とは，複式簿記における計算・記録を行うための固有の単位で，細かく分類された勘定に付けられた名称を勘定科目という。たとえば，資産の項目である当座預金について，以下のような T 字型勘定の口座を設けて当座預金勘定を記録する。

　勘定は，向かって左側を**借方**，右側を**貸方**という。この借方と貸方について要素ごと一定の規則に従って取引を記録する。勘定記入の基本ルールは以下のようなものである。

　簿記上の取引を分析し，記録する基礎となるのは，以下に示すような簿記の基本等式である。

図表1－1　勘定記入の基本ルール

	勘 定	借方記入	貸方記入
1	資 産	増 加	減 少
2	負 債	減 少	増 加
3	純資産	減 少	増 加
4	収 益	（消 滅）	発 生
5	費 用	発 生	（消 滅）

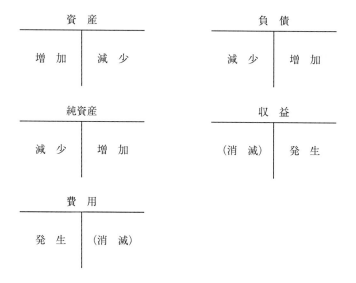

資産＝負債＋純資産（資本）

　簿記の基本等式は，左辺に資産，右辺に負債および純資産（資本）で成り
立っており，等号の左側項目である資産に属する勘定の合計額と，右側項目で
ある負債および純資産（資本）に属する勘定の合計額が必ず等しくなることを
示している。また，収益は純資産（資本）を増加させる項目であり，費用は純
資産（資本）を減少させる項目である。以上の点を図示すれば図表1－2のよ
うになる。

図表1−2　簿記の基本等式

資　産		＝	負　債		＋	資　本	
(＋)	(−)		(−)	(＋)		(−)	(＋)

　さらに，収益は資本を増加させる項目であり，費用は資本を減少させる項目であるから，これを考慮すると以下のようになる。

資　産		＝	負　債		＋	資　本			
(＋)	(−)		(−)	(＋)		(−)		(＋)	
						費　用		収　益	
						(＋)	(−)	(−)	(＋)

　複式簿記では，取引の勘定記入にあたって以下のような重要なルールがある。

> （1）一つの取引について，2つ以上の勘定に記入する。
> （2）一つの取引について，借方合計額と貸方合計額は一致する。

　たとえば，現金￥200 と備品￥50 を元入れして営業を開始したという取引の場合には，

現金の受入れ → 現金（資産）の増加 → 現金勘定借方に金額￥200 を記入
備品の受入れ → 備品（資産）の増加 → 備品勘定借方に金額￥50 を記入
資本の元入れ → 資本金（純資産）の増加 → 資本金勘定借方に金額￥250 を記入

となる。

6．仕訳と勘定

　仕訳とは，企業の経済行為が簿記上の取引であるかどうかを確認して，金額を測定し，簿記上の要素に分類し，勘定科目を決定する手続きである。仕訳は，取引が行われるたびごとに，その発生順に行われる。
　たとえば，銀行から現金￥500 を借入れた場合の取引の仕訳は以下のように

なる。

　現金（資産）の増加 → 現金勘定借方に￥500 を記入

　借入金（負債）の増加 → 借入金勘定貸方に￥500 を記入

　仕訳では，

　　（借）現　　　金　　　500　　　（貸）借　入　金　　　500

となる。

第2章

簿記一巡の手続

1．簿記一巡の手続の意義

　複式簿記では，簿記上の取引を認識した後，これを秩序整然と記録・計算・整理し，一会計期間における経営成績と当該期間の**期末**（決算日）時点の財政状態を示す財務諸表を作成する。この一連の手続を簿記一巡の手続という。

　簿記一巡の手続は，**期中**（会計期間の期首から期末までの間）に行われる期中手続と，**決算日**（会計期間の期末）に行われる決算手続に区分される。

（1）期中手続

　期中手続は，会計期間内に日常的に行われる手続であり，簿記上の取引を一定の秩序に従って整然と記録することを目的として，以下のとおりに行われる。

①　取引が簿記上の取引であるか否かを判断する。

②　簿記上の取引と判断された取引を仕訳し仕訳帳に記帳する。

③　仕訳帳に記帳した仕訳を，総勘定元帳に設けられた勘定口座に転記する。

（2）決算手続

　決算手続は，決算日に行われる手続であって，期中手続により記録された帳簿を締切るとともに，帳簿記録に基づき財務諸表を作成することを目的として行われる。

①　帳簿記録が適切であるか否かを検証するために試算表を作成する。

②　決算整理事項を一覧表示した棚卸表を作成する。

③　決算の全体像を鳥瞰するために精算表を作成する。

④　棚卸表に基づき，決算整理仕訳を行う。

⑤　決算振替仕訳を行い，総勘定元帳に設けた損益勘定へ収益・費用の諸勘定の残高を振替えるとともに，損益勘定の残高（当期純損益）を繰越利益剰余金勘定に振替える。

⑥　総勘定元帳と仕訳帳を締切る。

⑦　資産・負債・純資産（資本）の諸勘定の記入が適切であるか否かを検証するために繰越試算表を作成する。

⑧　財務諸表，すなわち一会計期間における経営成績を示す損益計算書と決算日における財政状態を示す貸借対照表を作成する。

　上記の①から③の決算手続を決算予備手続，④から⑦の手続を決算本手続と呼ぶ。このうち，②と④の決算整理事項ならびに決算整理仕訳については，第3章以降で詳しく学習する。

2．期中手続

（1）仕訳と転記

　複式簿記においては，簿記上の取引を認識したのち，金額を測定し，取引の要素を分類し，これを勘定口座に記入する。しかし，勘定口座への記入を直接行うと，記入漏れや誤記が生じるおそれがある。このため，あらかじめ取引ごとに仕訳を行い，勘定科目と金額，そして借方・貸方いずれに記入するかを決定しておき，その後，仕訳を参照しつつ勘定口座への転記を行う。転記を行う際には，日付，相手勘定，金額を記入する。なお，複式簿記は貸借一致の原則を基礎としているため，一つの取引について，借方合計額と貸方合計額は必ず一致する。すなわち，個々の仕訳の借方合計額と貸方合計額は必ず一致し，転記が行われたすべての勘定口座の借方合計額と貸方合計額も必ず一致する。

例題 2 － 1　神田商店の 3 月中の取引について仕訳を行い，勘定口座に転記しなさい。

① 3 月 1 日　現金￥200,000 を元入れ開業した。
② 3 月 5 日　銀行から現金￥100,000 を借入れた。
③ 3 月18日　商品￥250,000 を仕入れ，代金は現金で支払った。
④ 3 月23日　上記の全商品を￥300,000 で販売し，代金は現金で受取った。
⑤ 3 月25日　従業員の給料￥14,500 を現金で支払った。
⑥ 3 月30日　借入金￥50,000 を返済し，利息￥500 とともに現金で支払った。

※問題集 p.12，問題 3 へ

解答
①	3 月 1 日	（借）現　　金	200,000	（貸）資 本 金	200,000		
②	3 月 5 日	（借）現　　金	100,000	（貸）借 入 金	100,000		
③	3 月18日	（借）仕　　入	250,000	（貸）現　　金	250,000		
④	3 月23日	（借）現　　金	300,000	（貸）売　　上	300,000		
⑤	3 月25日	（借）給　　料	14,500	（貸）現　　金	14,500		
⑥	3 月30日	（借）借 入 金	50,000	（貸）現　　金	50,500		
		支払利息	500				

現　　金　　　1
3/ 1 資本金	200,000	3/18 仕　入	250,000
5 借入金	100,000	25 給　料	14,500
23 売　上	300,000	30 諸　口	50,500

借 入 金　　　2
3/30 現　金	50,000	3/ 5 現　金	100,000

資 本 金　　　3
		3/ 1 現　金	200,000

売　　上　　　4
		3/23 現　金	300,000

仕　　入　　　5
3/18 現　金	250,000		

給　　料　　　6
3/25 現　金	14,500		

支 払 利 息　　　7
3/30 現　金	500		

解説　3 月 30 日の現金勘定への転記にあるように，取引の相手勘定が複数にわたる場合には，相手勘定ではなく「諸口」と記入する。

（2）仕訳帳

　仕訳を記入する帳簿を**仕訳帳**という。仕訳帳には，企業の行ったすべての簿記上の取引が，時系列に沿って記録されることになる。先の例題 2 − 1 の取引の一部を仕訳帳に記入すると次のとおりである。

図表 2 − 1　仕訳帳の記入

仕　訳　帳　　　　　　　1

令和×年		摘　　要	元丁	借　方	貸　方
3	1	（現　　金）	1	200,000	
		（資 本 金）	3		200,000
		元入れ開業			
	30	諸　口　　（現　　金）	1		50,500
		（借 入 金）	2	50,000	
		（支払利息）	7	500	
		借入金の返済			

　仕訳を仕訳帳へ記入する際には，取引の日付を記入した上で，一行ごとに取引を構成する勘定科目を摘要欄に記入し，その金額を同じ行の借方もしくは貸方欄に記入する。仕訳は原則として借方を先に記入するが，3 月 30 日の記入のように，複数の借方勘定科目と一つの貸方勘定科目で構成される取引については，摘要欄借方に「諸口」と記入した上で，貸方の勘定科目と金額を先に記入する。取引を構成するすべての勘定科目と金額を記入し終えたら，次の行の摘要欄に小書き（取引内容の要約）を記入し，摘要欄の下部に仕切線を引く。なお，元丁欄には各勘定科目の転記先である総勘定元帳の丁数（ページ数）もしくは勘定口座番号（勘定口座ごとに振られる番号）を記入する。

（3）総勘定元帳

　すべての勘定口座を一つにまとめた帳簿を**総勘定元帳**（または元帳）とい
う。総勘定元帳には，仕訳帳からすべての取引が転記され，勘定科目ごとに設
けられた勘定口座に整理，記録される。総勘定元帳の記入形式には標準式と残
高式の2つがある。先の例題2-1の取引に基づき，現金勘定への記入を示す
と，次のとおりである。

図表2-2　総勘定元帳への記入

〈標準式〉　　　　　　　　　　　　　総勘定元帳

現　　金　　　　　　　　　　　　　1

令和×年		摘　　要	仕丁	借　　方	令和×年		摘　要	仕丁	貸　　方
3	1	資　本　金	1	200,000	3	18	仕　入	1	250,000
	5	借　入　金	1	100,000		25	給　料	1	14,500
	23	売　　上	1	300,000		30	諸　口	1	50,500

〈残高式〉　　　　　　　　　　　　　総勘定元帳

現　　金　　　　　　　　　　　　　1

令和×年		摘　　要	仕丁	借　　方	貸　　方	借/貸	残　　高
3	1	資　本　金	1	200,000		借	200,000
	5	借　入　金	1	100,000		〃	300,000
	18	仕　入	1		250,000	〃	50,000
	23	売　　上	1	300,000		〃	350,000
	25	給　料	1		14,500	〃	335,500
	30	諸　口	1		50,500	〃	285,000

　総勘定元帳へ転記する際には，取引の日付を記入した上で，摘要欄に相手勘
定を，仕丁欄に転記元の仕訳帳の丁数（仕訳帳のページごとに振られるページ数）
を，さらに借方欄または貸方欄に金額を記入する。取引の相手勘定が複数であ
る場合には，摘要欄には「諸口」と記入する。なお，残高式では転記するたび
にその時点の勘定残高を残高欄に記入し，当該残高が借方側あるいは貸方側の

いずれにあるかを借／貸欄に記入する。

（4）主要簿と補助簿

　仕訳帳と総勘定元帳は，複式簿記の記録の根幹をなす帳簿であることから，**主要簿**と呼ばれる。一方，取引の実情や実務上の要請に応じて，特定の取引や勘定科目について，より細密な記録を行うことを目的とした帳簿が設けられることがある。これらは主要簿を補助する帳簿であることから**補助簿**と呼ばれる。補助簿には，仕訳帳の記録を補助する目的で設けられる補助記入帳（現金出納帳，小口現金出納帳，当座預金出納帳，売上帳，仕入帳，受取手形記入帳，支払手形記入帳など）と，総勘定元帳の記録を補助する目的で設けられる補助元帳（商品有高帳，売掛金元帳，買掛金元帳，固定資産台帳など）がある。

3．決算手続

（1）試算表の作成

　期中の取引に関する仕訳と転記が正しく行われていなければ，正しい当期純利益は算定できず，また適切な財務諸表も作成できない。そこで，決算に際してすべての勘定口座の金額を集計する**試算表**を作成し，試算表の貸借それぞれの合計金額の一致をもって記帳の適正性を検証する。試算表の検証能力は，貸借一致の原則に基づき総勘定元帳のすべての勘定口座の借方合計額と貸方合計額は必ず一致するという前提に立つものである。したがって，その検証能力は絶対的なものではなく，転記の際の一部勘定口座への転記漏れや金額の転記ミスといった貸借の不一致をもたらすような誤謬は発見できるが，そもそも簿記上の取引について仕訳を行っていない，あるいは貸借逆の転記や転記するべき勘定口座を誤るといった，貸借一致の原則に反さないような誤謬を発見することはできない。なお，試算表には各勘定の借方合計金額と貸方合計金額を一覧にした合計試算表と，各勘定の残高を一覧にした残高試算表，さらに合計試算表と残高試算表を一表にまとめた合計残高試算表の3つがある。

> **例題 2 − 2** 例題 2 − 1 の勘定口座に基づいて，神田商店の 3 月末の合計試算表と残高試算表を作成しなさい。
>
> ※問題集 p.12, 問題 3 へ

解答

<table>
<tr><th colspan="5">合 計 試 算 表</th><th colspan="5">残 高 試 算 表</th></tr>
<tr><th colspan="5">令和×年 3 月 31 日</th><th colspan="5">令和×年 3 月 31 日</th></tr>
<tr><th>借　方</th><th>元丁</th><th>勘定科目</th><th>貸　方</th><th></th><th>借　方</th><th>元丁</th><th>勘定科目</th><th>貸　方</th></tr>
<tr><td>600,000</td><td>1</td><td>現　　金</td><td>315,000</td><td></td><td>285,000</td><td>1</td><td>現　　金</td><td></td></tr>
<tr><td>50,000</td><td>2</td><td>借 入 金</td><td>100,000</td><td></td><td></td><td>2</td><td>借 入 金</td><td>50,000</td></tr>
<tr><td></td><td>3</td><td>資 本 金</td><td>200,000</td><td></td><td></td><td>3</td><td>資 本 金</td><td>200,000</td></tr>
<tr><td></td><td>4</td><td>売　　上</td><td>300,000</td><td></td><td></td><td>4</td><td>売　　上</td><td>300,000</td></tr>
<tr><td>250,000</td><td>5</td><td>仕　　入</td><td></td><td></td><td>250,000</td><td>5</td><td>仕　　入</td><td></td></tr>
<tr><td>14,500</td><td>6</td><td>給　　料</td><td></td><td></td><td>14,500</td><td>6</td><td>給　　料</td><td></td></tr>
<tr><td>500</td><td>7</td><td>支 払 利 息</td><td></td><td></td><td>500</td><td>7</td><td>支 払 利 息</td><td></td></tr>
<tr><td>915,000</td><td></td><td></td><td>915,000</td><td></td><td>550,000</td><td></td><td></td><td>550,000</td></tr>
</table>

解説 勘定科目欄には，通常，資産・負債・純資産・収益・費用の順で勘定科目を配置し，元丁欄には総勘定元帳の当該勘定口座の丁数を記入する。借方欄および貸方欄にはそれぞれの勘定科目の金額を記入するが，合計試算表では借方合計額・貸方合計額を記入し，残高試算表では勘定残高をいずれか一方の欄に記入する。なお，合計残高試算表の様式を示すと，以下のとおりである。

合計残高試算表
令和×年 3 月 31 日

借　方		元丁	勘定科目	貸　方	
残　高	合　計			合　計	残　高
285,000	600,000	1	現　金	315,000	
500	500	7	支払利息		
550,000	915,000			915,000	550,000

（2）決算振替仕訳

　決算に際して，総勘定元帳に損益勘定を設け，すべての収益勘定および費用勘定の残高を損益勘定に振替え，この損益勘定の貸借差額により当期純損益を算定する。また，損益勘定の貸借差額で算定された当期純損益は，繰越利益剰余金勘定（個人企業の場合には資本金勘定）に振替える。以上の振替えは仕訳を通じて行われるが，この仕訳を**決算振替仕訳**という。

（3）総勘定元帳と仕訳帳の締切

　決算振替仕訳と総勘定元帳への転記により，収益と費用の各勘定と損益勘定は貸借が一致する。これをもって収益と費用の各勘定と損益勘定の残高はゼロとなり，締切を行う。一方，資産，負債，純資産の各勘定は次期へ繰越すべき残高が借方もしくは貸方に残るが，この残高を巡っては，大陸式決算法と英米式決算法の2つの記帳方法がある。**大陸式決算法**では，総勘定元帳に残高勘定を設け，すべての資産，負債ならびに純資産の各勘定残高を残高勘定に振替えるための決算振替仕訳を行う。この決算振替仕訳を総勘定元帳へ転記することにより，資産，負債，純資産の各勘定と残高勘定は貸借それぞれの合計金額が一致し，これをもって各勘定残高はゼロとなり，締切りを行う。一方，**英米式決算法**では，資産，負債，純資産の各勘定残高について決算振替仕訳は行わず，各勘定残高がある側の反対側の金額欄に残高を直接記入することにより各勘定の貸借を一致させ，締切りを行う。なお，各勘定口座の締切は，大陸式決算法，英米式決算法いずれについても，貸借それぞれの合計金額を計算し，これが一致することを確認した上で，借方金額欄および貸方金額欄に記入し，その下部に二重線を引くことにより完結する。

　本章では，以下，英米式決算法を前提として解説を進める。

例題2−3　例題2−1の期中取引を前提として，神田商店（決算日：3月31日）の決算振替仕訳を示しなさい。また，決算振替仕訳転記後の損益勘定，繰越利益剰余金勘定を示し，それぞれ締切りなさい。

※問題集 p.14, 問題4 へ

解答

3月31日	（借）	売　上	300,000	（貸）	損　益	300,000
3月31日	（借）	損　益	265,000	（貸）	仕　入	250,000
					給　料	14,500
					支払利息	500
3月31日	（借）	損　益	35,000	（貸）	繰越利益剰余金	35,000

```
            損      益                          繰越利益剰余金
3/31 仕  入 250,000 3/31 売 上 300,000   3/31 次期繰越 35,000 3/31 損  益 35,000
  〃 給  料  14,500                                          4/1 前期繰越 35,000
  〃 支払利息    500
  〃 繰越利益剰余金 35,000
           300,000         300,000
```

解説　決算振替仕訳を損益勘定へ転記する際には，相手勘定が複数であっても摘要欄は諸口とせず，勘定科目ごとに科目名と金額を記入する。

英米式決算法においては，資産，負債，純資産の各勘定について，解答の繰越利益剰余金勘定に示されるように，勘定残高を実際に残高があるのとは反対側（解答の繰越利益剰余金勘定では借方側）に記入し，貸借を一致させる。このとき摘要欄には「次期繰越」と記入し，日付，摘要，金額ともに朱記する。また，翌期の開始記入も併せて行うが，本来の残高がある側に記入し，摘要欄には「前期繰越」と記入する。

勘定の締切りにあたっては，各勘定の貸借それぞれの合計金額が一致することを確認し，合計額を貸借の同じ行に記入し，その上に単線を，下に二重線を引く。なお，勘定口座に余白が生じた場合には，摘要欄に斜線を引く。参考として，現金勘定と仕入勘定の締切りも示す。

		現　　金			
3/1	資 本 金	200,000	3/18	仕　　入	250,000
5	借 入 金	100,000	25	給　　料	14,500
23	売　　上	300,000	30	諸　　口	50,500
			31	次期繰越	285,000
		600,000			600,000
4/1	前期繰越	285,000			

		仕　　入			
3/18	現　金	250,000	3/31	損　益	250,000

（4）繰越試算表の作成

　すべての決算振替仕訳とその転記が適切に行われると，資産の各勘定残高合計と負債・純資産の各勘定残高合計は一致する。大陸式決算法ではこれが残高勘定の貸借一致により検証されるが，英米式決算法においては，各勘定において残高の繰越しが直接行われるため検証できない。そこで，資産，負債，純資産の各勘定の次期繰越高を一覧表にした**繰越試算表**を作成し，その借方合計額と貸方合計額の一致をもって，資産，負債，純資産の各勘定残高の正確性を検証する。

> **例題2－4**　例題2－1および2－3に基づき，神田商店（決算日：3月31日）の繰越試算表を作成しなさい。

解答

繰 越 試 算 表
令和×年3月31日

借　　方	勘定科目	貸　　方
285,000	現　　　　金	
	借　入　金	50,000
	資　本　金	200,000
	繰越利益剰余金	35,000
285,000		285,000

解説　英米式決算法では，各勘定で勘定残高の次期への繰越しが行われるため，翌期において資産，負債，純資産の各勘定の期首残高についても仕訳が行われない。し

たがって，このままでは翌期の仕訳帳および合計試算表の合計金額は一致しない。これを避けるため，翌期首，仕訳帳に以下の記入を行う。この記入は元帳への転記をともなわないため，仕訳帳の元丁欄にはチェックを記入する。

仕　訳　帳　　　　　2

令和×年		摘　　要	元丁	借　方	貸　方
4	1	前期繰越高	✓	285,000	285,000

（5）財務諸表の作成

　以上の決算手続を経て，総勘定元帳の損益勘定の記入に基づき損益計算書を作成し，繰越試算表に基づき貸借対照表を作成する。

> **例題2－5**　例題2－3および2－4に基づき，神田商店（決算日：3月31日）の損益計算書および貸借対照表を作成しなさい。
>
> ※問題集 p.14, 問題5 へ

解答

損　益　計　算　書

神田商店　　令和×年3月1日から令和×年3月31日まで　　（単位：円）

費　用	金　額	収　益	金　額
仕　入	250,000	売　上	300,000
給　料	14,500		
支払利息	500		
当期純利益	35,000		
	300,000		300,000

貸　借　対　照　表

神田商店　　令和×年3月31日　　（単位：円）

資　産	金　額	負債・純資産	金　額
現　金	285,000	借入金	50,000
		資本金	200,000
		繰越利益剰余金	35,000
	285,000		285,000

解説　損益計算書には表題の下部に会計期間を，その左端には企業名をそれぞれ明記する。また貸借対照表には表題の下部に決算日を，その左端には企業名をそれぞれ明記する。

（6）精算表の作成

　決算に先立ち，残高試算表の作成から財務諸表の作成までの手続を一表に要約し，決算手続を鳥瞰するために**精算表**が作成されることがある。本章のこれまでの例題に基づき，神田商店の令和×年3月31日の精算表を作成すると以下のようになる。

精　算　表
令和×年3月31日　　　　　　　　（単位：円）

勘定科目	残高試算表		損益計算書		貸借対照表	
	借　方	貸　方	借　方	貸　方	借　方	貸　方
現　　　金	285,000				285,000	
借　入　金		50,000				50,000
資　本　金		200,000				200,000
売　　　上		300,000		300,000		
仕　　　入	250,000		250,000			
給　　　料	14,500		14,500			
支 払 利 息	500		500			
当期純利益			35,000			35,000
	550,000	550,000	300,000	300,000	285,000	285,000

　ここに示した精算表は6桁精算表と呼ばれるものであるが，一般には残高試算表欄と損益計算書欄の間に決算整理仕訳を記入するための修正記入欄を設けた8桁精算表を作成することが多い。8桁精算表の作成方法については後の章で詳しく解説する。

─ 第**3**章 ─

現 金 預 金

1. 現　金

(1) 現　金

　一般に**現金**というと紙幣や硬貨を思い浮かべるが，簿記上では，それ以外に現金として処理されるものがある。これらを通貨代用証券といい，即座に換金される。

> ● 他人振出しの小切手
> ● 郵便為替証書
> ● 送金小切手
> ● 支払期限の到来した公社債の利札
> ● 配当金領収書

　紙幣や硬貨，通貨代用証券を受取ると，簿記上では現金勘定で処理をし，その収支を記録する。現金を受取ったときは借方に，現金を支払ったときは貸方に記入する。したがって，現金勘定の残高は，現金の手許有高を意味する。

図表3－1　現金勘定

> **例題3－1**　次の取引の仕訳を示しなさい。
>
> 　　東京商店は，神奈川商店に商品を売渡し，代金￥100,000 は同店振出の小切手で受取った。
>
> ※問題集 p.4，　問題 1 　へ

解答　（借）現　　　　金　100,000　　　（貸）売　　　上　100,000

解説　他人振出の小切手を受取ったときは，現金として処理するため，現金勘定の借方に記入する。

（2）現金出納帳

　現金の収入および支出があったときは，まず仕訳帳に記入し，その後，総勘定元帳に設定された現金勘定に転記する。これら主要簿のほか，現金の収支の明細を記録するために**現金出納帳**という補助簿に記入する。

図表3－2　現金出納帳

現　金　出　納　帳

令和×3年		摘　　　要	収　入	支　出	残　高
6	1	前月繰越	140,000		140,000
	20	神奈川商店から売上代金受取り	100,000		240,000
	30	**次月繰越**		240,000	
			240,000	240,000	
7	1	前月繰越	240,000		240,000

（3）現金過不足

　実際の現金残高（実際有高）と，簿記上の現金残高（帳簿残高）を照合すると，記録計算の誤り，記帳漏れなどの理由で，一致しないことがある。このような場合，**現金過不足**勘定を設定し，帳簿の金額を実際の現金残高に合わせる。現金過不足勘定は，実際の現金残高と帳簿の現金残高を一時的に同じにするため使用する勘定科目であり，後で差額の原因が判明したときは現金過不足勘定から，該当する勘定科目に振替える。

● 現金過不足発生時 (不一致の原因が不明)

① 実際現金残高＞帳簿現金残高

この場合は，帳簿上の現金勘定を増やして，実際の現金残高に合わせる。

(借) 現　　　金　×××　　　(貸) 現金過不足　×××

② 実際現金残高＜帳簿現金残高

この場合は，帳簿上の現金勘定を減らして，実際の現金残高に合わせる。

(借) 現金過不足　×××　　　(貸) 現　　　金　×××

● 現金過不足判明時 (不一致の原因が判明)

原因が判明した場合，現金過不足に該当する勘定に振替える。

① 実際現金残高＞帳簿現金残高

(借) 現金過不足　×××　　　(貸) 売掛金など　×××

② 実際現金残高＜帳簿現金残高

(借) 旅費交通費など　×××　　　(貸) 現金過不足　×××

● 決算時 (決算時までに現金過不足の原因が不明)

この場合，現金過不足勘定が貸方残高であるときは，その残高を雑益勘定の貸方に振替える。借方残高であるときは，その残高を雑損勘定の借方に振替える。

① 現金過不足勘定が貸方残高の場合

(借) 現金過不足　×××　　　(貸) 雑　　　益　×××

② 現金過不足勘定が借方残高の場合

(借) 雑　　　損　×××　　　(貸) 現金過不足　×××

2．預　金

（1）当座預金

　簿記上，預金には，当座預金，普通預金，定期預金などが含まれる。**当座預金**は，他の預金と異なり無利息であり，現金を引出すのに銀行から交付された小切手を用いる。当座預金が開設されると，受取った現金や小切手などは当座預金に預入れられ，現金の支払には小切手が振出される。当座預金の預入や引出の記録には，当座預金勘定を用いる。

　①　当座預金に預入れた場合
　　　銀行に当座預金口座を開設し，現金¥300,000 を預入れた。

　　　（借）当 座 預 金　　300,000　　　　（貸）現　　　　金　　300,000

　②　当座預金を引出した場合
　　　商品¥200,000 を仕入れ，代金は小切手で支払った。

　　　（借）仕　　　　入　　200,000　　　　（貸）当 座 預 金　　200,000

　なお，小切手は通貨代用証券のため，他人振出の小切手を受取った場合は，現金勘定の借方に記入する。ただし，これをただちに預入れたときは，当座預金勘定の借方に記入する。

> 他人が振出した小切手を支払いの際に用いる。→ 現金勘定の減少
> 自分が振出した小切手を支払いの際に用いる。→ 当座預金勘定の減少

（2）当座預金出納帳

　当座預金の預入と引出は，主要簿である仕訳帳と総勘定元帳の中の当座預金勘定に記入する。これら主要簿のほか，その明細を記録するために，取引銀行

26 ——◎

図表 3 － 3　当座預金出納帳

当 座 預 金 出 納 帳

令和×3年		摘　　　要	預　入	引　出	借また は貸	残　高
8	1	前月繰越	150,000		借	150,000
	10	神奈川商店から売上代金受取り	300,000		借	450,000
	20	千葉商店へ仕入れ代金支払い #001		500,000	貸	50,000
	24	埼玉商店から売上代金受取り	400,000		借	350,000
	31	**次月繰越**		**350,000**		
			850,000	850,000		
9	1	前月繰越	350,000		借	350,000

別に**当座預金出納帳**という補助簿に記入する。

（3）当座借越

　小切手を振出しても，銀行は当座預金の残高以上の支払は行わない。しかし，一定の限度額までは当座預金の残高を超えて小切手を振出すことができる。これを当座借越契約といい，残高の超過額を**当座借越**という。当座借越が期中で生じた場合は，煩雑さを避けるために当座借越勘定を設定せず，当座預金勘定の貸方残高として処理しておき，決算時まで貸方残高が残っていた場合，決算整理として，当座預金勘定から当座借越勘定や借入金勘定など適切な負債勘定に振替える。

　例題 3 － 2　次の取引の仕訳を示しなさい。

①　栃木商店は，山梨商店から商品￥150,000 を仕入れ，代金は小切手を振出して支払った。当座預金残高は，￥50,000 で，当座借越契約による借越限度額は，￥200,000 である。

②　栃木商店は，茨城商店に対する売掛金￥50,000 を小切手で受取りただちに当座預金とした。当座預金勘定残高（貸方）が￥100,000 ある。

※問題集 p.20, 問題 3 へ

解答 ① （借）仕　　　入　150,000　　（貸）当 座 預 金　150,000
　　　② （借）当 座 預 金　50,000　　（貸）売 掛 金　50,000

解説 ①は当座預金残高が¥50,000であるため，当座借越は¥100,000であるが，当座預
　　　金の貸方残高として処理する。

（4）普通預金

　普通預金口座や当座預金口座等，複数口座開設している場合，管理のため，
口座種別や銀行名を勘定科目として設定することがある。

　①　普通預金に預入れた場合

　　　A銀行に普通預金を開設し，現金¥300,000を預入れた。

　　（借）普通預金A銀行　300,000　　（貸）現　　　　金　300,000

　②　普通預金を引出した（他の銀行へ振込んだ）場合

　　　A銀行の普通預金口座から，B銀行の普通預金口座へ¥200,000を振込
　　　みにより移動した。振込手数料として，¥500が引落とされた。

　　（借）普通預金B銀行　200,000　　（貸）普通預金A銀行　200,500
　　　　　支払手数料　　　　500

3．小口現金

（1）小口現金

　企業は，日常的な細かい経費の支払のため，一定期間の必要額を手許に置い
ておく。これを**小口現金**という。

（2）定額資金前渡制度（インプレスト・システム）

　小口現金の管理方法の一つとして，**定額資金前渡制度**がある。一定の期間

（1週間・1ヵ月）に使用する金額をあらかじめ見積もって，その金額を用度係に前もって渡す。用度係は，交通費や電話代，雑費などの小額な現金の支払額を小口現金出納帳に記入し，週末（月末）などに会計係にその週（月）の支払額を報告する。会計係は，用度係から報告された金額と同額の現金を用度係に補給する。

（3）小口現金出納帳

小口現金の補給と支払の明細を記録しておくため，**小口現金出納帳**という補助簿に記入する。

図表3－4　小口現金出納帳

受　入	令和×3年		摘　要	支　払	内　訳			
					交通費	通信費	消耗品費	雑　費
30,000	5	1	前週繰越					
		〃	バス回数券	4,000	4,000			
		2	新　聞　代	4,000				4,000
		〃	電　話　代	3,000		3,000		
		3	文　房　具	9,000			9,000	
			合　計	20,000	4,000	3,000	9,000	4,000
20,000		5	本　日　補　給					
		〃	**次週繰越**	30,000				
50,000				50,000				
30,000	5	8	前週繰越					

※週末における締切と小切手振出による資金の補給の記入を行っている。
※インプレスト・システムを採用している。

第4章
商 品 売 買

1．商品勘定の分割

　商品売買は，企業の営業活動の核心となる活動である。商品の出入りについて商品勘定において管理するが，取引が煩雑であり取引の種類も多岐にわたるため，商品勘定を分割して処理し管理する。

　商品を仕入れたときには**仕入勘定**（費用），商品を売上げたときには**売上勘定**（収益），そして期末に売残った商品は繰越商品勘定（資産）を設けて記帳する。

（1）仕入勘定

　商品を仕入れたとき，仕入原価を仕入勘定の借方に記入する。仕入原価には，商品の購入代価のほかに引取り運賃や運送保険料など，仕入にともなう仕入諸費用（仕入諸掛）を仕入原価に含める。商品を現金で仕入れたときの仕訳は，以下のようになる。

　　　　　（借）仕　　　　入　×××　　　（貸）現　　　金　×××

　仕入れた商品が注文した品物と違っていたり不良品であったとき，商品を返品したり値引を受けることがある。この場合，仕入勘定の貸方に記入する。

　掛で仕入れた商品の値引を受けた場合，以下のように処理する。

　　　　　（借）買　掛　金　×××　　　（貸）仕　　　　入　×××

図表 4 − 1　仕入勘定

仕　　　　入

	仕入戻し高 仕入値引高
総 仕 入 高	
	純 仕 入 高

例題 4 − 1　以下の取引の仕訳を示しなさい。

① 小野商店より商品 100 個（@￥170）を仕入れ，代金は掛とした。
② 向田商会より商品 150 個（@￥160）を仕入れ，代金は掛とした。なお，引取り運賃￥1,200 を現金で支払った。
③ 向田商会より仕入れた商品 20 個に若干のキズがあったため，商品 1 個あたり￥10 の値引きを受け，買掛金残から差引くこととした。

※問題集 p.26, 問題 1 へ

解答
① （借）仕　　　入　17,000　（貸）買　掛　金　17,000
② （借）仕　　　入　25,200　（貸）買　掛　金　24,000
　　　　　　　　　　　　　　　　　　　現　　　金　1,200
③ （借）買　掛　金　200　（貸）仕　　　入　200

解説　② 商品の仕入にともない発生する仕入諸掛費用は，仕入原価に含める。

（2）売上勘定

　商品を売上げたとき，商品の売価を売上勘定の貸方に記入する。商品を販売する際に生じた荷造り運賃などの経費は，売上勘定には記入せず，発送費勘定（費用）を設け，その借方に記入する。商品を掛で販売した場合，以下のような仕訳になる。

（借）売　掛　金　×××　（貸）売　　　上　×××

　販売した商品が注文を受けたものと違っていたり，キズがあった場合，買い手から返品を受けたり，値引きする場合がある。このようなときは，売上勘定の借方に記入する。仕訳は，以下のようになる。

　　　　（借）売　　　　上　　×××　　　　（貸）売　掛　金　　×××

図表4－2　売上勘定

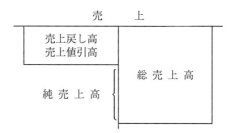

┌─────────────┐
│ 売上戻し高　　　　　　　　　　　　　　　　│
│ 売上値引高　　　　　　　　　　　　　　　│
└──────┐　　　総売上高　　　　　│
　　　　　│　　　　　　　　　　　　　　　│
　純売上高{　　　　　　　　　　　　　　　　│
　　　　　└─────────────┘

例題4－2　　以下の取引の仕訳を示しなさい。

① 高林商事に商品100個（@¥240）を掛で販売した。
② 高林商事に販売した商品10個にキズがあり，1個あたり¥20値引きした。代金は，売掛金の残より差引くこととした。
③ 佐藤商会に商品300個（@¥300）を掛で販売した。なお，発送費¥8,000を現金で支払った。

※問題集 p.26，問題 2 へ

解答　①　（借）売　掛　金　　24,000　　（貸）売　　　　上　　24,000
　　　②　（借）売　　　　上　　　　200　　（貸）売　掛　金　　　　200
　　　③　（借）売　掛　金　　90,000　　（貸）売　　　　上　　90,000
　　　　　　　　発　送　費　　　8,000　　　　　　現　　　金　　　8,000

解説　③　自社負担の発送費は，売上勘定とは関係なく発送費勘定に記入し管理する。

（3）繰越商品勘定

　繰越商品勘定（資産）は，月次および本決算のときに，期末商品有高を記入

32 ——◎

する。

　繰越商品勘定には，前期から当期に繰越された商品の有高（期首商品有高）が記入される。

（4）売上原価の計算

　期首商品棚卸高を仕入勘定の借方に，同時に繰越商品勘定の貸方に記入し，繰越商品勘定から仕入勘定へ振替える。期末商品棚卸高を，仕入勘定の貸方に記入し，繰越商品勘定の借方に記入し，仕入勘定から繰越商品勘定へ振替える。このようにして仕入勘定において売上原価が計算される。その計算過程を勘定に示すと以下のようになる。

　　　令和×1年　総仕入高　¥3,200,000　期末商品棚卸高　¥700,000
　　　令和×2年　総仕入高　¥4,600,000　期末商品棚卸高　¥648,000

図表4－3　仕入勘定と繰越商品勘定

令和×1年　繰越商品

令和×1年 期末商品棚卸高	700,000	次期繰越高	700,000

令和×1年　仕　入

| 令和×1年 総仕入高 | 3,200,000 | 令和×1年 期末商品棚卸高 | 700,000 |
| | | 令和×1年 売上原価 | 2,500,000 |

令和×2年　繰越商品

令和×2年 期首商品棚卸高	700,000	令和×2年 仕　入	700,000

令和×2年　仕　入

令和×2年 総仕入高	4,600,000	令和×2年 期末商品棚卸高	648,000
		令和×2年 売上原価	4,652,000
期首繰越商品	700,000		

2．仕　入　帳

　仕入帳は，商品の仕入取引の明細を記録する補助簿である。仕入勘定では，商品を仕入れた日付と金額はわかるが，仕入先，品目，数量や単価などの明細はわからない。また，仕入取引は，頻繁に発生する。そのため，仕入の明細を管理するために，仕入帳を利用する。仕入帳の総仕入高は，仕入勘定の借方の合計額と一致する。また，純仕入高は，仕入勘定の借方残高と一致する。

図表4－4　仕入帳

仕　入　帳

令和〇年		摘　　　　要			内　訳	金　　額
4	15	大橋商事		掛		
		Z商品	150個	@ ￥200	30,000	
		Y商品	200個	@ ￥350	70,000	100,000
	17	**大橋商事**		**掛**		
		Z商品	**150個**	**@ ￥10**		**1,500**

【記入方法】
① 日付欄　取引の日
② 摘要欄　仕入先，支払条件，品名，数量，単価を記入する。
③ 内訳欄　商品ごとの仕入額を記入する。
④ 金額欄　内訳の合計額を記入する。
⑤ 仕入先より返品，値引を受けた場合は，朱書きする。

例題 4 － 3　　以下の取引を仕入帳に記入しなさい。
①　6月　1日　横山商店から商品¥80,000（ソックス100足@¥500，ハンカチ300枚@¥100）を掛で仕入れた。
②　6月　4日　横山商店から仕入れたハンカチに色違いがあったため，1枚あたり¥10の値引きを受けた。
③　6月17日　木井商会よりソックス¥120,000（300足@¥400）を小切手を振出して支払った。なお，引取り運賃¥1,200は現金で支払った。

※問題集 p.28, 問題 3 へ

解答

仕　入　帳

令和〇年		摘　　　要			内　訳	金　額
6	1	横山商店		掛		
		ソックス	100足	@ ¥500	50,000	
		ハンカチ	300枚	@ ¥100	30,000	80,000
	4	**横山商店**		**掛値引き**		
		ハンカチ	**300枚**	**@ ¥10**		**3,000**
	17	本井商会		小切手		
		ソックス	300足	@ ¥400	120,000	
		上記引取費		現金	1,200	121,200
				総仕入高		201,200
			仕入戻し・値引高			**3,000**
				純仕入高		198,200

3．売 上 帳

　売上帳も，商品の販売取引の明細を記入する補助簿である。売上帳を用いる主旨は，仕入帳とまったく同じである。売上帳の総売上高は，売上勘定の貸方

の合計額と一致する。また，純売上高は，売上勘定の貸方残高と一致する。

図表 4 − 5　売上帳

売　上　帳

令和○年		摘　　要			内　訳	金　額
4	20	高沢商会		掛		
		Z 商品	100 個	@ ￥200	20,000	
		Y 商品	120 個	@ ￥450	54,000	740,000
	17	**高沢商会**		**掛**		
		Z 商品	**100 個**	**@ ￥10**		**1,000**

【記入方法】

①　日付欄　取引の日

②　摘要欄　得意先，回収条件，品目，数量，単価を記入する。

③　内訳欄　商品ごとの売上額を記入する。

④　金額欄　内訳の合計額を記入する。

⑤　仕入先より返品，値引きを受けた場合は，朱書きする。

例題 4 − 4　　以下の取引を売上帳に記入しなさい。

①　6 月 7 日　高野商店へ商品￥100,000（ソックス 80 足@￥750，ハンカチ 200 枚@￥200）を掛で売上げた。

②　6 月 9 日　高野商店へ販売したハンカチに色違いがあったため，1 枚あたり￥20 の値引きを承諾した。

③　6 月 24 日　有田商事に商品￥210,000（ソックス 300 足@￥700）を販売し，代金は小切手で受取った。

※問題集 p.28，問題 4 へ

解答

売　上　帳

令和○年		摘　　　要		内　訳	金　額
6	7	高野商店	掛		
		ソックス　80足　@¥750		60,000	
		ハンカチ　200枚　@¥200		40,000	100,000
	9	高野商店	掛値引き		
		ハンカチ　200枚　@¥20			4,000
	24	有田商事	小切手		
		ソックス　300足　@¥700			210,000
	30		総売上高		310,000
	〃		売上値引・戻し高		4,000
			純売上高		306,000

4．商品有高帳

（1）商品有高帳

　商品有高帳は，商品の受払および残高の明細を記録する補助簿である。この帳簿は，商品の種類ごとに有高帳を作成し，その受入れ，払出し，および残高について数量，単価，金額を記入する。これによって，常に商品ごとの在庫数

図表4－6　商品有高帳

商　品　有　高　帳
（商品名）　　　　　　　　　（単位：個）

令和○年		摘要	受　入			払　出			残　高		
			数量	単価	金額	数量	単価	金額	数量	単価	金額
7	1	前月繰越	×××	×××	×××				×××	×××	×××
	5	仕入	×××	×××	×××				×××	×××	×××
	11	売上				×××	×××	×××	×××	×××	×××
	31	次月繰越				×××	×××	×××			
			×××		×××	×××		×××			
8	1	前月繰越	×××	×××	×××				×××	×××	×××

量が帳簿上明確になり在庫管理に役立つ。さらに，仕入原価と払出価額が帳簿に明らかとなり，期末商品棚卸高と売上原価の計算に役立てることができる。

　同一商品であっても，為替や物価の変動等にともない仕入価格も異なる。このような場合，払出価格を決めなければならない。単価の高額な商品では，個別に記入する個別法がとられる。しかし，単価が比較的低く，大量に受払いが行われる商品については，その商品の払出しを仮定した簡便な方法がとられる。ここでは，代表的な例として先入先出法と移動平均法について説明する。

（2）先入先出法

先入先出法は，先に仕入れた商品が先に払出されると仮定して払出し単価を決定する方法である。

例題4－5　以下の資料によって，先入先出法により商品有高帳に記入しなさい。

① 8月 1日　前月繰越　150個　@¥200　¥30,000
② 8月 5日　仕　　入　200個　@¥180　¥36,000
③ 8月11日　売　　上　200個　@¥460　¥92,000

※問題集 p.30，問題5 へ

解答

商品有高帳
（水牛ボタン）　　　　　　　　　　　　　　（単位：個）

令和○年		摘要	受入			払出			残高		
			数量	単価	金額	数量	単価	金額	数量	単価	金額
8	1	前月繰越	150	200	30,000				150	200	30,000
	5	仕入	200	180	36,000				150	200	30,000
									200	180	36,000
	11	売上				150	200	30,000			
						50	180	9,000	150	180	27,000
	31	**次月繰越**				**150**	**180**	**27,000**			
			350		66,000	350		66,000			
9	1	前月繰越	150	180	27,000				150	180	27,000

解説　8月　5日　前月より繰越された商品と単価の異なる商品が仕入れられた。先入先
　　　　　　　　出法による場合，残高欄において単価の異なる商品は，上下に
　　　　　　　　{(カッコ) でくくる。

　　　　8月11日　商品有高帳は，あくまでも商品の管理が目的なので，ここでは原価を
　　　　　　　　記入する。払出欄の合計額が当該取引の売上原価であり，残高欄は，
　　　　　　　　商品の現在の在庫有高を示す。

　　　　8月31日　商品有高帳には，すべて原価が記人される。次月に繰越す数量，単
　　　　　　　　価，金額は赤字で記入する。また，終了線を引くと同時に，9月1日
　　　　　　　　の前月繰越を記入し，赤字で書かれた数量，単価，金額と一致してい
　　　　　　　　ることを確認する。

（3）移動平均法

　移動平均法は，単価の異なる商品を仕入れたつど，仕入直前の残高欄の金額
と仕入れた金額の合計額を残高欄の数量と仕入れた商品の合計数量で割って平
均単価を計算する。そして，この単価を現在の残高の単価とし，その後の売上
商品の払出単価とする。

> **例題 4 − 6**　以下の資料によって，移動平均法により商品有高帳に記入しなさ
> 　　　　　　　　い。
>
> ①　8月　1日　前月繰越　200 個　@￥420　　　￥84,000
> ②　8月　7日　仕　　入　800 個　@￥500　　　￥400,000
> ③　8月21日　売　　上　600 個　@￥1,200　　￥720,000
>
> 　　　　　　　　　　　　　　　　　　　※問題集 p.30，問題 6 へ

解答

商品有高帳

(メキシコ貝ボタン)　　　　　　　　　(単位：個)

令和 〇年		摘 要	受 入			払 出			残 高		
			数量	単価	金 額	数量	単価	金 額	数量	単価	金 額
8	1	前月繰越	200	420	84,000				200	420	84,000
	7	仕　入	800	500	400,000				1,000	484	484,000
	21	売　上				600	484	290,400	400	484	193,600
	31	**次月繰越**				**400**	**484**	**193,600**			
			1,000		484,000	1,000		484,000			
9	1	前月繰越	400	484	193,600				400	484	193,600

解説　8月 7日　単価の異なる商品が仕入れられたので，前期から繰越された商品の
　　　　　　　　　　残高の金額と仕入れた商品の額を合計し，総数量で割り平均単価を
　　　　　　　　　　計算する。

　　　　8月21日　販売された商品の原価は，残高の欄に計算されていた平均単価を用
　　　　　　　　　　いて払出額とする。

　　　　8月31日　先入先出法と同様の手続で商品有高帳を締切る。

第5章

債 権 債 務

1．債権および債務

　近年では，代金の決済を一定期日後に行う信用取引が一般化している。これらの信用取引は，その発生原因により各勘定に区分され管理される。

図表5-1　債権債務の区分と勘定

債権の勘定		債務の勘定	
主 た る 営 業 活 動			
売掛金	主たる営業取引による代金の未回収額	買掛金	主たる営業取引による代金の未払額
受取手形	主たる営業取引による手形代金の未回収額	支払手形	主たる営業取引による手形代金の未払額
前払金	内金・手付金など代金の前払い	前受金	内金・手付金など代金の前受け
得意先の人名勘定	得意先別の掛代金の未収額	仕入先の人名勘定	仕入先別の掛代金の未払額
主 た る 営 業 活 動 以 外			
未収入金	主たる営業活動以外の取引による代金の未回収額	未払金	主たる営業活動以外の取引による代金の未払額
財 務 活 動			
貸付金	他者に金銭を貸付けた額	借入金	他者より金銭を借入れた額
従 業 員 な ど と の 関 係			
立替金	一時的な金銭の立替額	預り金	一時的な金銭の預り額
そ の 他 の 活 動			
仮払金	内容の不明な支出を一時的に記録する勘定	仮受金	内容の不明な入金を一時的に記録する勘定

債権の勘定では，借方に増加額を，貸方に減少額を記入する。債権の勘定の借方残高は，債権の未回収額を表している。債務の勘定では，借方に減少額を，貸方に増加額を記入する。債務の勘定の貸方残高は，債務の未払額を表している。

2．主たる営業活動上の債権債務

(1) 売掛金と買掛金

商品の受け渡しを先に行い，代金の決済を月末などにする取引を掛取引という。掛取引で生じるのが**売掛金**（資産）と**買掛金**（負債）である。売掛金は後日代金を受取る権利であり，買掛金は後日代金を支払う義務を意味する。商品を得意先に掛で売渡した場合，以下のような仕訳となる。

　　（借）売 掛 金　×××　　　（貸）売　　　上　×××

また，商品を掛で仕入れた場合，以下のような仕訳になる。

　　（借）仕　　　入　×××　　　（貸）買 掛 金　×××

代金が決済された時の仕訳は，以下のようになる。

　　（借）現 金 な ど　×××　　　（貸）売 掛 金　×××

図表 5 - 2　売掛金勘定と買掛金勘定

売　掛　金		買　掛　金	
前期繰越高	売掛金回収高	買掛金支払高	前期繰越高
	返品 （売上値引高） （売上戻り高）	返品 （仕入値引高） （仕入戻し高）	
当期掛売上高			当期掛仕入高
	} 未回収額	未払高 {	

（2）人名勘定

　売掛金勘定と買掛金勘定は，売掛金や買掛金の総額を表示することはできるが，取引先ごとの明細を管理することはできない。そこでそれぞれの得意先・仕入先ごとに，店名，氏名または商号を勘定科目として設け，これらの勘定にそれぞれ売掛金・買掛金の増加・減少および残高を記入し管理する。このような勘定を人名勘定と呼ぶ。人名勘定を設けた場合，売掛金増加時に該当する得意先の勘定の借方に記入し，これを回収したときには貸方に記入する。

　しかし，実際には取引先も多く増減するので，あまり利用されない。主要簿には売掛金勘定・買掛金勘定を使用し，補助簿として得意先および仕入先ごとの人名勘定を設けて債権・債務の増減を記入する方法がとられている。

（3）売掛金元帳と買掛金元帳

　売掛金元帳・買掛金元帳では，すべての得意先・仕入先の取引が記入されるため，取引先ごとの増減および残高を管理することができない。売掛金勘定・

図表5−3　総勘定元帳と売掛金元帳・買掛金元帳

総 勘 定 元 帳

売　掛　金				買　掛　金			
①	96,000	③	54,000	⑨	59,000	⑦	73,000
②	64,000	④	48,000	⑩	38,000	⑧	57,000
		残高	58,000			残高	33,000
			（⑤+⑥）				（⑪+⑫）

売掛金元帳				買掛金元帳			
山岸商店				五味物産			
①	96,000	③	54,000	⑨	59,000	⑦	73,000
		残高	42,000			残高	14,000
			（⑤）				（⑪）
苅田商会				寺田商事			
②	64,000	④	48,000	⑩	38,000	⑧	57,000
		残高	16,000			残高	19,000
			（⑥）				（⑫）

買掛金勘定のかわりに人名勘定を用いる方法もあるが勘定科目が膨大なものになり記帳が煩雑となる。そこで，売掛金勘定・買掛金勘定のもと売掛金元帳と買掛金元帳という補助簿を設け，これらの帳簿に取引先ごとの人名勘定を設ける。売掛金元帳・買掛金元帳は売掛金勘定・買掛金勘定の明細を明らかにする。

（4）貸倒損失と貸倒引当金

　売掛金などの債権は，その得意先の倒産などによって回収できなくなることがある。これを貸倒という。売掛金が貸倒となった場合，その金額を**貸倒損失勘定**（費用）の借方に記入し，同額を売掛金勘定の貸方に記入し売掛金を減少させる。仕訳は，以下のようになる。

　　　（借）貸 倒 損 失　×××　　　（貸）売　　掛　　金　×××

　なお，得意先の債権が減少するので，補助簿の売掛金元帳にも減額分を記入する。

　売掛金などの債権は，貸倒になる危険がともなう。決算にさいし，売掛金などの債権の期末残高に過去の貸倒実績率などに基づいて貸倒の予想額を見積り，**貸倒引当金**を設定する。

　貸倒引当金の設定は，次期以降に発生する恐れのある貸倒について，その原因のある当期の費用として計上する必要があるので貸倒引当金繰入勘定（費用）の借方にその予想額を記入し，貸倒引当金勘定（評価勘定）の貸方に同額を記入する。

　　　（借）貸倒引当金繰入　×××　　　（貸）貸 倒 引 当 金　×××

　売掛金などの債権勘定の借方残高から貸倒引当金勘定の貸方残高を差引いた差額が実質回収可能な債権の残高を表す。貸倒引当金勘定のように，その勘定残高を他の勘定の残高と関係させることにより，その勘定の正味残高を表す役割を持つ勘定を評価勘定という。

　貸倒引当金を設定した翌期において，実際に貸倒が発生した場合の仕訳は以

下のようになる。

　　（借）貸 倒 引 当 金　　×××　　　（貸）売　　掛　　金　　×××

貸倒引当金の設定額を超えた貸倒が発生した場合には，以下のように処理する。

　　（借）貸 倒 引 当 金　　×××　　　（貸）売　　掛　　金　　×××
　　　　　貸 倒 損 失　　×××

　期末に貸倒引当金を設定するときに前期末の貸倒引当金に残高がある場合，2つの処理方法がある。

①　差額補充法
　　当期の見積額が前期の貸倒引当金残高を上まわる場合，その不足額を貸倒引当金繰入額として計上する。なお，当期の見積額が前期の残高を下回る場合には，貸倒の見積額を超える額の貸倒引当金を減額し，貸倒引当金戻入勘定（収益）の貸方に記入する。その仕訳は，以下のようになる。

　　　　（借）貸 倒 引 当 金　　×××　　（貸）貸倒引当金戻入　　×××

②　洗替法
　　前期に設定された貸倒引当金に残高がある場合，この貸倒引当金は前期の費用分であるのでこの残高を貸倒引当金戻入勘定に計上する。そして，改めて当期の貸倒見積額を貸倒引当金に計上する。

例題 5 − 1　　次の取引の仕訳を差額補充法により示しなさい。
　　当期末において，売掛金残高￥1,600,000 に対して 2% の貸倒引当金を設定する。ただし，貸倒引当金勘定に￥12,000 の残高がある。

解答　（借）貸倒引当金繰入　　20,000　　　（貸）貸 倒 引 当 金　　20,000

解説　￥1,600,000× 2 ％ − ￥12,000（前期残高）＝ ￥20,000

（5）前払金と前受金

　商品の売買契約を結ぶときに，その代金の一部を手付金もしくは内金として授受することがある。このときに支払った手付金を**前払金**（前渡金），受取ったものを**前受金**という。支払った側は前払金勘定（資産）を設けて，前払額を借方に記入する。受取った側は前受金勘定を設け，受取った金額を貸方側に記入する。

図表5－4　前払金勘定と前受金勘定

手付金を支払った側

前　払　金	
手付金を支払ったとき	実際に商品を仕入れたとき

手付金を受取った側

前　受　金	
実際に商品を売渡したとき	手付金を受取ったとき

例題5－2　以下の取引について仕訳を示しなさい。

①　斉藤商店は，小野山商店に商品￥500,000を注文し，手付金として小切手を振出して￥100,000を支払った。

②　斉藤商店は，上記商品を仕入れ，残金を当座預金より小野山商店の当座預金に振込んだ。

※問題集 p.36, 問題5 へ

解答　①　斉藤商店

（借）前　払　金　100,000　　（貸）当　座　預　金　100,000

小野山商店

（借）現　　　　金　100,000　　（貸）前　受　金　100,000

②　斉藤商店

（借）仕　　　　入　500,000　　（貸）前　払　金　100,000

　　　　　　　　　　　　　　　　　　当　座　預　金　400,000

　小野山商店

（借）前　受　金　100,000　　　（貸）売　　　　上　500,000
　　　当 座 預 金　400,000

3．主たる営業活動以外の債権債務

（1）未収入金と未払金

　主たる営業活動以外の取引，たとえば営業所として利用する土地の購入や不要になった備品の売却などの取引においても債権債務が生じる。このような取引において生じる債権債務は，未収入金勘定および未払金勘定が用いられる。

　未収入金勘定の借方には，商品以外の土地や有価証券など資産の売却代金の未収額や貸付金利息や受取家賃など用役の未収額のうち，支払期限のきたものが記入される。仕訳は，以下のようになる。

　　（借）未 収 入 金　×××　　　（貸）土　　　　　地　×××

　未収入金勘定の貸方には未収入金の回収額が記入され，その仕訳は以下のようになる。

　　（借）現　　　　　金　×××　　　（貸）未 収 入 金　×××

　未払金勘定の貸方には，消耗品，有価証券や固定資産などの購入代金の未払額，支払利息や支払家賃の支払期限のきたもの，さらに，支払手数料や修繕費などの用役に対する未払額が記入される。その仕訳は，以下のようになる。

　　（借）消　耗　品　×××　　　（貸）未　払　金　×××

　未払金勘定の借方には，代金の支払いがなされたときに記入される。その仕訳は，以下のようになる。

　　（借）未　払　金　×××　　　（貸）現　　　　　金　×××

図表 5 － 5　未収入金勘定と未払金勘定

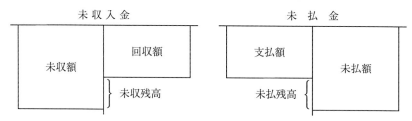

例題 5 － 3　以下の取引について，永瀬商店・菊池商事の両者の仕訳をそれぞ
れ示しなさい。

永瀬商店は，所有している土地を菊池商事に¥20,000,000 で売却し，代金
は月末に受取ることとした。その原価は，¥17,500,000 である。

※問題集 p.34, 問題 2 へ

解答　永瀬商店

（借）未 収 入 金　　20,000,000　　（貸）土　　　　　地　　17,500,000

固定資産売却益　　 2,500,000

菊池商事

（借）土　　　　　地　　20,000,000　　（貸）未　　払　　金　　20,000,000

4．財務活動に関する債権債務

（1）貸付金と借入金

　企業は経営活動の中で他人に金銭を貸付けたり，金融機関から金銭を借入れ
たりする。

　金銭を貸付けたときには**貸付金勘定**（資産）を設け，貸付けた額を借方に記
入する。仕訳は，以下のようになる。

　　（借）貸　　付　　金　　×××　　　（貸）現　　　　　金　　×××

また，回収したときには貸方に記入する。仕訳は，以下のようになる。

（借）現　　　　金　×××　　（貸）貸　付　　金　×××

　金銭を借入れたときは，**借入金勘定**（負債）を設け，借入れた額を貸方に記入する。仕訳は，以下のようになる。

（借）現　　　　金　×××　　（貸）借　入　　金　×××

借入金を返済したときには借方に記入する。仕訳は，以下のようになる。

（借）借　入　　金　×××　　（貸）現　　　　金　×××

図表5－6　貸付金勘定と借入金勘定

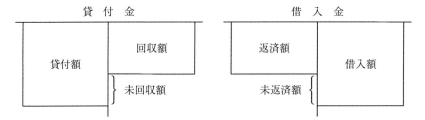

例題5－4　以下の取引について西村商事と吉川商店の両者の仕訳を示しなさい。

　西村商事は，吉川商店に現金¥500,000を貸付けた。

※問題集 p.36，問題 4 へ

解答　西村商事
　　　（借）貸　付　　金　500,000　　（貸）現　　　　金　500,000
　　　吉川商店
　　　（借）現　　　　金　500,000　　（貸）借　入　　金　500,000

5．従業員などとの関係

（1）立替金と預り金

　従業員や取引先が負担すべき金額を，一時的に企業が立替える場合がある。このようなとき，**立替金勘定**（資産）を設け，借方に立替え額を記入する。仕訳は，以下のようになる。

　　　（借）立　　替　　金　×××　　　（貸）現　　　　　金　×××

　また，一時的に金銭を預かる場合もある。給料から引かれる所得税などがこれにあたる。このときは，**預り金勘定**（負債）を設け，貸方に預かった金額を記入する。

　　　（借）現　　　　　金　×××　　　（貸）預　　　り　　金　×××

　これらの勘定は両者ともに一時的なものであり，貸付金や借入金と明確に区別しなければならない。

図表5－7　立替金勘定と預り金勘定

　例題5－5　以下の取引の仕訳を示しなさい。

　　6月分給料¥240,000に対して源泉所得税¥6,240を差引いて現金で支払った。

解答 （借）給　　　料　240,000　　（貸）現　　　　金　233,760
　　　　　　　　　　　　　　　　　　　　預　り　金　　6,240

６．その他の活動

（1）仮払金と仮受金

　現金の支出はあったものの，その内容または金額が確定できないような場合がある。このように内容または金額が未確定な現金の支出を**仮払金**という。また，現金の入金があったもののその入金の内容または金額を確定できないものを**仮受金**という。

　現金の支出があったものの，その内容または金額が未確定なときは，一時的に仮払金勘定（資産）の借方に記入する。仕訳は，以下のようになる。

　　（借）仮　払　金　×××　　（貸）現　　　　金　×××

　また，入金があったもののその内容または金額が確定できないときは，一時的に仮受金勘定（負債）の貸方に記入する。仕訳は，以下のようになる。

　　（借）現　　　　金　×××　　（貸）仮　受　金　×××

後日その内容が確定したときに，それぞれ該当する勘定に振替える。

図表５−８　仮払金勘定と仮受金勘定

仮　払　金		仮　受　金	
未確定な支出額	内容と金額が確定	内容と金額が確定	未確定な入金額

> **例題 5 － 6**　以下の取引について仕訳を示しなさい。
>
> ①　従業員の出張にあたり，旅費の仮払いとして現金￥100,000 を渡した。
>
> ②　出張中の従業員から，￥540,000 の普通預金への振込みがあった。
> しかし，その内容は，不明である。
>
> ③　従業員が出張から帰り，旅費の残額￥13,000 を現金で返金された。
> なお，普通預金への振込みは，得意先の売掛金の回収であると報告を受けた。
>
> ※問題集 p.38, 問題 6 へ

解答
①	(借)	仮　払　金	100,000		(貸)	現　　　金	100,000		
②	(借)	普　通　預　金	540,000		(貸)	仮　受　金	540,000		
③	(借)	現　　　金	13,000		(貸)	仮　払　金	100,000		
		旅　　　費	87,000						
		仮　受　金	540,000			売　掛　金	540,000		

7．クレジット売掛金

　企業が，商品を販売した際に，顧客からクレジットカードでの支払を受ける場合がある。この場合，企業は，顧客からではなく，後日，信販会社から代金を受取る。そのため，この企業においては，顧客から債権が発生するのではなく，信販会社から債権が発生することになる。この時の債権を，**クレジット売掛金勘定**で処理する。なお，代金の支払がクレジットカードによって行われた場合，企業は手数料を信販会社に支払うことになる。この手数料は支払手数料勘定で処理する。

> **例題 5 － 7**　以下の取引について仕訳を示しなさい。
>
> 　A企業は，商品を￥10,000 で販売した。その際に，顧客からクレジットカードで支払を受けた。なお，信販会社への手数料は販売代金の3% であり，商品販売時において信販会社に対する債権から控除する。

解答　（借）クレジット売掛金　9,700　　（貸）売　　　　上　10,000
　　　　　　支 払 手 数 料　　 300

解説　クレジットカードによる売上があった場合，クレジット売掛金勘定で処理する。

8．受取商品券

　企業が商品を販売した際に，他社等が発行した商品券を代金として受取ることがある。その場合，企業は商品券を受取った時に，**受取商品券勘定**を設け，借方に記入する。その仕訳は，以下のようになる。

　　（借）受 取 商 品 券　×××　　（貸）売　　　　上　×××

　その後，この商品券は発行した企業等から換金される。その際には，受取商品券勘定の貸方に記入する。その仕訳は，以下のようになる。

　　（借）現 金 な ど　×××　　（貸）受 取 商 品 券　×××

例題5－8　**以下の取引について仕訳を示しなさい。**
　①　A社は商品¥15,000を販売し，商品券¥5,000と現金¥10,000を受取った。
　②　A社は上記の商品券を換金し，同額が当座預金口座に振込まれた。

解答　①　（借）受 取 商 品 券　5,000　　（貸）売　　　　上　15,000
　　　　　　　現　　　　金　10,000
　　　②　（借）当 座 預 金　5,000　　（貸）受 取 商 品 券　5,000

解説　他店が発行している商品券を受取った場合，受取商品券勘定の借方で処理し，受取った商品券を換金した場合，受取商品券勘定の貸方で処理する。

9．差入保証金

　企業が，土地や建物を借りる際に，敷金や保証金を差し入れることがある。この保証金は，**差入保証金勘定**で処理される。差入保証金を現金で支払った場合の仕訳は以下のようになる。

　　　（借）差 入 保 証 金　×××　　　（貸）現　　　　　金　×××

　差し入れた保証金は，契約の解約時に，修繕費等の原状回復にかかる費用が差引かれ，返金される。たとえば，返金額が当座預金に振込まれた場合の仕訳は次のようになる。

　　　（借）当 座 預 金　×××　　　（貸）差 入 保 証 金　×××
　　　　　修 繕 費 な ど　×××

例題5－9　以下の取引について仕訳を示しなさい。
　①　A社は建物を借りるにあたり，保証金￥150,000を現金で支払った。
　②　A社は，上記の賃借契約を解約し，保証金について，修繕費￥60,000を差引いた残額が当座預金口座に振込まれた。

解答　①　（借）差 入 保 証 金　150,000　（貸）現　　　金　150,000
　　　　②　（借）修 　 繕 　 費　60,000　（貸）差 入 保 証 金　150,000
　　　　　　　　当 座 預 金　90,000

解説　賃借に関する保証金は差入保証金勘定で処理する。

第6章

手　　　形

1．手　　形

　手形は，将来の一定期日（満期日）に，一定の場所（通常は銀行）で一定の金額の支払いを約束する証券であり，企業の仕入・売上活動にともなって生じるため，売掛金や買掛金とともに営業債権や営業債務に含まれる。手形は，銀行に当座預金口座を開設し，手形用紙の交付を受けることで発行することができる。商取引に使う手形には，**約束手形**と**為替手形**の2種類があるが，ここでは約束手形について説明する。

図表6－1　約束手形

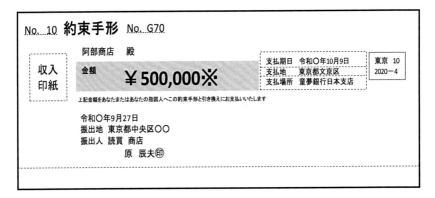

2．約束手形の処理

　約束手形は，手形の債務者となる手形の振出人（支払人）と手形の債権者と

なる受取人（名宛人）の取引である。ここでは①手形を振出して商品を仕入れた場合，②手形を受取って商品を売上げた場合，③満期日に手形代金を支払った場合，④満期日に手形代金を受取った場合について説明する。

（1）約束手形を振出した場合と受取った場合

① 約束手形を振出し，商品を仕入れた場合，以下の仕訳になる。

（借）仕　　　入　×××　　　（貸）支 払 手 形　×××

約束手形を振出した場合，支払手形勘定（負債勘定）の貸方に記入する。

② 約束手形を受取り，商品を売上げた場合，以下の仕訳になる。

（借）受 取 手 形　×××　　　（貸）売　　　上　×××

約束手形を受取った場合，受取手形勘定（資産勘定）の借方に記入する。

（2）満期日に手形代金を支払った場合と受取った場合

③ 振出した約束手形が満期日に決済され，手形代金を当座預金口座から支払った場合

（借）支 払 手 形　×××　　　（貸）当 座 預 金　×××

手形代金を決済したことで手形債務が消滅するので，支払手形勘定の借方に記入し，当座預金勘定の貸方に記入する。

④ 受取った約束手形が満期日に決済され，手形代金を当座預金口座に受入れた場合

（借）当 座 預 金　×××　　　（貸）受 取 手 形　×××

手形代金を当座預金口座に受入れたことで，手形債権が消滅するので，受取

手形勘定の貸方に記入する。なお，手形の決済は，一般的に取引銀行の当座預金口座を通じて行われる。

例題6−1 次の一連の取引について，仕訳を示しなさい。

① 梶谷商店から商品¥300,000を仕入れ，代金は約束手形を振出して支払った。

② 筒香商店に商品¥450,000を売上げ，代金は約束手形で受取った。

③ 梶谷商店に振出した約束手形が満期日になり，取引銀行より当座預金口座から¥300,000の支払いがあった旨の通知を受けた。

④ 筒香商店から受取った約束手形が満期日になり，取引銀行より当座預金口座に¥450,000入金があった旨の通知を受けた。

※問題集 p.42，問題 1 へ

解答 ① （借）仕　　　入　300,000　　（貸）支払手形　300,000
② （借）受取手形　450,000　　（貸）売　　　上　450,000
③ （借）支払手形　300,000　　（貸）当座預金　300,000
④ （借）当座預金　450,000　　（貸）受取手形　450,000

解説 ①② 約束手形の仕訳は，振出した場合は支払手形勘定，受取った場合は受取手形勘定を用いて行う。

③④ 実際に入金が確認された時点で仕訳を行う。手形の決済は，一般的に取引銀行の当座預金口座を通じて行われるため，当座預金の増加，減少となる。

3．手形取引の記帳

（1）受取手形記入帳

手形取引が発生すると仕訳が行われ，総勘定元帳へ転記される。主要簿に記載される情報は，財務諸表の作成に必要となる勘定科目に集約されている。そのため，個々の手形を厳密に管理するためには，より詳細な情報を記録しておく必要がある。

受取手形記入帳は，手形債権の発生順に手形種類，手形番号，振出日，満期日

などの明細を記録する補助簿である。図表6-2は受取手形記入帳の雛形である。

　摘要欄は，手形を受取った取引の相手勘定科目を記入する。手形種類欄には，約束手形は約手，為替手形は為手と記入する。てん末欄の摘要は，満期日到来による決済などの受取手形の減少理由を記入する。

図表6-2　受取手形記入帳

○年	手形種類	手形番号	摘要	支払人	振出人または裏書人	振出日		満期日		支払場所	手形金額	てん末		
						月	日	月	日			月	日	摘要

例題6-2　次の一連の取引を仕訳し，受取手形記入帳に記入しなさい。

10月10日　大和商店に商品¥900,000を売渡し，代金は全額同店振出の約束手形（#9）で受取った（振出日；10月10日，満期日；11月30日，支払場所；横浜銀行）。

10月13日　柴田商店から売掛代金として，同店振出の約束手形（#31）¥300,000を受取った（振出日；10月13日，満期日；12月13日，支払場所；横須賀銀行）。

11月30日　大和商店振出の約束手形（#9）が決済され，当座預金口座に入金がなされた旨の通知を取引銀行より受けた。

解答
10月10日	（借）受取手形	900,000	（貸）売　　上	900,000
10月13日	（借）受取手形	300,000	（貸）売掛金	300,000
11月30日	（借）当座預金	900,000	（貸）受取手形	900,000

受取手形記入帳

○年		手形種類	手形番号	摘要	支払人	振出人または裏書人	振出日		満期日		支払場所	手形金額	てん末		
							月	日	月	日			月	日	摘要
10	10	約手	9	売上	大和商店	大和商店	10	10	11	30	横浜銀行	900,000	11	30	入金
	13	約手	31	売掛金	柴田商店	柴田商店	10	13	12	13	横須賀銀行	300,000			

58 ——◎

解説 受取手形記入帳に記入すべき内容を問題文から読み取る。てん末の摘要欄は，手形債権が消滅した時点で記入する。手形の決済は，一般的に取引銀行の当座預金口座を通じて行われる。

（2）支払手形記入帳

支払手形記入帳は，受取手形記入帳と同様に手形の明細を記録する補助簿である。図表6-3は，支払手形記入帳の雛形である。

図表6-3　支払手形記入帳

○年	手形種類	手形番号	摘　要	受取人	振出人	振出日		満期日		支払場所	手形金額	てん末		
						月	日	月	日			月	日	摘要

　摘要欄は，手形で支払った取引の相手勘定科目を記入する。てん末欄の摘要は，満期日到来による決済など，支払手形の減少理由を記入する。

例題6-3　次の支払手形記入帳の内容の仕訳を示しなさい。

支払手形記入帳

○年	手形種類	手形番号	摘要	受取人	振出人	振出日		満期日		支払場所	手形金額	てん末		
						月	日	月	日			月	日	摘要
11	19	約手	36	仕　入	高城商会	当　店	11	19	12	25	神戸銀行	500,000	12	25	支払

※問題集 p.44，問題3 へ

解答　11月19日　（借）仕　　　入　500,000　　（貸）支 払 手 形　500,000
　　　　　12月25日　（借）支 払 手 形　500,000　　（貸）当 座 預 金　500,000

解説 支払手形記入帳から取引の内容を読み取る。11月19日に当店振出の約束手形で，高城商会から仕入を行っており，てん末の摘要欄では，この手形は12月25日の満期日に支払が行われている。なお，手形の決済は，一般的に取引銀行の当座預金口座を通じて行われる。

4．金融手形の処理

（1）金融手形

　これまで説明した手形は，企業の営業活動にともなって発生するものである。これを商業手形という。一方，金銭の貸借を目的として，借用証書の代わりに，約束手形や為替手形が振出されることがある。これを**金融手形**という。

（2）手形貸付金と手形借入金

　金融手形は，商業手形と異なり金銭の貸借を目的としている。そのため，商業手形とは異なり，**手形貸付金勘定**（資産勘定）と**手形借入金勘定**（負債勘定）で処理する。約束手形によって現金を貸付けた場合，約束手形によって現金を借入れた場合は，それぞれ以下の仕訳になる。

　　貸付けた場合　（借）手形貸付金　×××　　　（貸）現　　　金　×××
　　借入れた場合　（借）現　　　金　×××　　　（貸）手形借入金　×××

例題6－4　次の取引の仕訳を示しなさい。
　① 平良商店に¥1,500,000を貸付け，同店振出の約束手形を受取った。なお，利息¥30,000を差引いた残額は小切手で支払った。
　② 銀行から¥2,800,000を借入れ，同額の約束手形を振出した。なお，利息¥56,000を差引かれた手取金は，直ちに当座預金とした。

解答　①　（借）手形貸付金　1,500,000　　　（貸）当座預金　1,470,000
　　　　　　　　　　　　　　　　　　　　　　　　　受取利息　　30,000

② （借）当 座 預 金　　2,744,000　　　（貸）手形借入金　　2,800,000
　　　　支 払 利 息　　　　56,000

解説　金銭の貸借を目的として手形の授受が行われているので，手形貸付金勘定・手形
　　　　借入金勘定で仕訳する。①利息分が先に計算され，差引かれた分が小切手で支払
　　　　われている。②利息分を差引き，残りをすぐに当座預金とした。

5．電子記録債権と電子記録債務

　2008年に施行された電子記録債権法によって電子記録での金銭債権が使わ
れるようになった。手形は，発行や振り込み準備など事務手続に手間がかかる
こと，紛失や盗難のリスクがあることなどのデメリットがある。これに対し
て，電子記録債権・電子記録債務は，債権・債務を電子記録するため，ペー
パーレスになり紛失や盗難のリスクがなくなること，期日になると自動的に決
済が行われるため事務手続が軽減されること，また，手形の決済時の印紙税や
郵送代などを必要としないことなどのメリットがある。
　たとえば，図表6-4のように，商品の仕入れの際に買掛金で処理したもの
を，債務者が申請し電子記録債務で決済処理する場合を考えると，①買掛金を
もつ債務者が，取引銀行を通じて電子債権記録機関に債務の発生記録を請求
し，②電子債権記録機関が記録原簿に債務の発生を記録する。③電子債権記録
機関から取引銀行を通じて債権者に発生記録の通知が行われる。④決済日に債
務者と債権者それぞれの取引銀行で決済が行われるという流れとなる。②にお
いて記録原簿に発生記録が行われた債務は，電子記録債権を用いて処理され
る。なお，債権者が発生記録の請求を行うことも可能であるが，その場合，一
定期間内に債務者の承諾が必要となる。

図表6－4 電子記録債権の使用の流れ

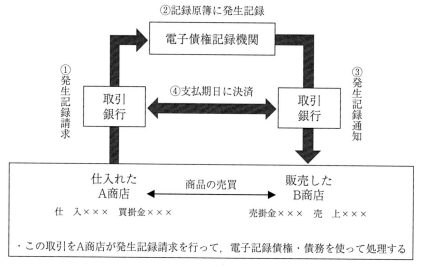

・この取引をA商店が発生記録請求を行って，電子記録債権・債務を使って処理する

・②記録原簿に発生記録がされることで電子記録債権・債務で処理されることになる

	A商店			B商店	
買 掛 金××× 電子記録債務×××				電子記録債権××× 売 掛 金×××	

例題6－5 次の取引の桑原商店と神里商店のそれぞれの仕訳を示しなさい。

① 桑原商店は，神里商店に商品¥800,000を売り渡し，代金は掛とした。

② 神里商店は，桑原商店に対する買掛金¥800,000について取引銀行を通じて発生記録の請求を行った。桑原商店は取引銀行よりその通知を受けた。

③ 電子記録債権の支払期日が到来し，桑原商店の当座預金口座と神里商店の普通預金口座の間で決済が行われた。

※問題集 p.42, 問題 2 へ

解答 桑原商店

① （借）売 掛 金 800,000 （貸）売 上 800,000
② （借）電子記録債権 800,000 （貸）売 掛 金 800,000
③ （借）当 座 預 金 800,000 （貸）電子記録債権 800,000

神里商店

①	（借）仕　　　　入	800,000	（貸）買　掛　金	800,000
②	（借）買　掛　金	800,000	（貸）電子記録債務	800,000
③	（借）電子記録債務	800,000	（貸）普　通　預　金	800,000

解説　掛による取引を，債務者である神里商店の発生記録請求で電子記録債権に置き換え，支払期日に電子記録債権がそれぞれの預金口座で決済された。

第7章

固 定 資 産

1．固定資産の分類

（1）固定資産の種類と内容

　固定資産とは，企業の経営活動を行う上で，長期（1年超）にわたって使用または利用される資産をいい，①有形固定資産，②無形固定資産，③投資その他の資産に分類される。

図表7－1　固定資産の種類

種　類	内　容	具体例
有形固定資産	具体的な形を有する資産で，長期にわたって営業に使用する資産	建物・備品・車両運搬具・機械装置・土地など
無形固定資産	具体的な形をもたないが，長期にわたって営業に利用される法律上の権利およびのれん	特許権・商標権・意匠権・のれんなど
投資その他の資産	長期にわたって利殖を目的として所有する資産，または，その他長期にわたって使用する資産で他の資産の分類に属さないもの	満期保有目的債権・長期貸付金・長期前払費用など

　有形固定資産は，固定資産の一種で，固定資産の中で具体的な形をもつ資産をいう。具体的には，土地や建物，備品，車両運搬具などである。

　無形固定資産とは，その名の通り，形のない資産である。長期間にわたって経営活動に利用されるもので，具体的には，法的権利を示す特許権，商標権やのれんなどを指す。

（2）固定資産の取得

有形固定資産を購入したときは，当該資産勘定の借方にその取得原価を記入する。取得原価には，固定資産に対して支払う購入代価にその取得にともなう付随費用を含める。付随費用とは，購入手数料，売買手数料，引取運賃などである。

取得原価＝購入代価＋付随費用

有形固定資産の勘定には，建物，備品，土地，車両運搬具などがある。資産を取得したときは，借方に記入する。

（借）建　　　物　×××　　　　（貸）当座預金など　×××

例題7－1　次の取引の仕訳を示しなさい。

店舗用の建物を¥100,000で購入し，仲介手数料および登記料¥40,000とともに小切手を振出して支払った。

※問題集 p.48, 問題 1 へ

解答　（借）建　　　物　140,000　　　（貸）当座預金　140,000

解説　購入代価に付随費用（仲介手数料・登記料）を加えて取得原価を算出し，この金額を該当する勘定の借方に記入する。

（3）資本的支出と収益的支出

資本的支出は，固定資産の価値や機能を増加させたり，耐用年数を延長させる支出をいう。資本的支出は，その固定資産の取得原価に算入するため，固定資産の勘定で処理する。

収益的支出は，固定資産の破損箇所の復元や部品交換など，現状回復や現状維持のための支出をいう。収益的支出は，その支出が行われた会計期間の費用として処理するため，修繕費勘定で処理する。

資本的支出

　　（借）建　　　物　×××　　　（貸）当座預金など　　×××

収益的支出

　　（借）修　繕　費　×××　　　（貸）当座預金など　　×××

例題7－2　次の取引の仕訳を示しなさい。

　　群馬商店は，店舗内の階段からエスカレーターへの切替工事¥200,000
　と，エスカレーターの定期点検をした際に見つかった故障箇所の修理
　¥50,000 を行い，その代金は小切手を振出して支払った。

※問題集 p.48,　問題 1 へ

解答　（借）建　　　物　200,000　　（貸）当　座　預　金　200,000
　　　　（借）修　繕　費　 50,000　　（貸）当　座　預　金　 50,000

解説　階段をエスカレーターにするための支出は，改良（価値の向上）のための支出で
　　　あり，資本的支出となる。エスカレーターの故障箇所を修理するための支出は，
　　　正常に動作（現状を維持）するための支出であり，収益的支出となる。

2．減価償却

（1）減価償却費の計算

　土地を除く有形固定資産は，使用や時の経過などによって価値が減耗し，最
終的には使用できなくなる。このような価値の減少を減価といい，この減価を
認識し，各年度の減価額を見積計算し，固定資産の帳簿価額から費用として控
除する手続を**減価償却**という。控除した費用は，減価償却費となる。

　減価償却の計算方法には，定額法，定率法，生産高比例法などがあるが，こ
こでは**定額法**について述べる。

定額法…毎期一定額の減価償却費を計上する方法

減価償却費＝(取得原価－残存価額)÷耐用年数

(2) 減価償却の記帳方法

　減価償却の記帳方法は，直接法と間接法があるが，ここでは間接法について述べる。

　間接法は，減価償却累計額勘定を設定し，固定資産の勘定から直接控除しない方法である。減価償却累計額勘定の残高は，それまでの減価償却の累計を示している。また減価償却累計額勘定を，当該固定資産勘定から控除することで，未償却残高を示すことになる。

　　　(借) 減 価 償 却 費　×××　　　(貸) 減価償却累計額　×××

図表7－2　減価償却 (間接法)

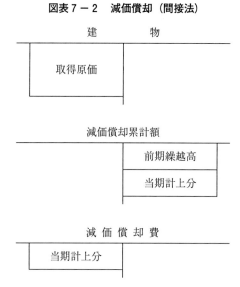

例題7－3　次の取引の仕訳を示しなさい。

　建物（取得原価¥500,000，残存価額は取得原価の10%，耐用年数5年）を減価償却（定額法）した。間接法で処理をした場合の仕訳を示しなさい。

※問題集 p.48，問題2 へ

解答　（借）減 価 償 却 費　90,000　　　（貸）建物減価償却累計額　90,000

解説

$$当期減価償却費¥90,000 = \frac{¥500,000 - (¥500,000 \times 0.1)}{5年}$$

3．固定資産の売却

　固定資産は長期間使用することを目的として取得されるが，途中で売却されることもある。有形固定資産を売却したときに，売却価額と帳簿価額に差額がある場合，その差額を有形固定資産売却損益として処理する。

　売却額が帳簿価額より大きい場合，売却益が発生しているため，その差額を固定資産売却益勘定の貸方に記入する。売却額が帳簿価額より小さい場合，売却損が発生しているため，その差額を固定資産売却損勘定の借方に記入する。

間接法

①　売却額＞帳簿価額

　　（借）未 収 入 金 な ど　×××　　（貸）建　　　　　物　×××
　　　　　建物減価償却累計額　×××　　　　　固 定 資 産 売 却 益　×××

② 売却額＜帳簿価額

（借）未 収 入 金 な ど ×××　　（貸）建　　　　　　物 ×××
　　　建物減価償却累計額 ×××
　　　固 定 資 産 売 却 損 ×××

例題7－4　　次の取引の仕訳を示しなさい。

営業用自動車（取得原価￥250,000，減価償却累計額￥150,000）を￥150,000
で売却し，代金は現金で受取った。

※問題集 p.48，問題3 へ

解答　（借）減価償却累計額　　150,000　　（貸）車 両 運 搬 具　　250,000
　　　　　　現　　　　金　　150,000　　　　固 定 資 産 売 却 益　　50,000

解説　車両運搬具勘定は，間接法で記帳する場合，取得原価と減価償却累計額をそれぞ
　　　れ減額する。売却額が帳簿価額（取得原価－減価償却累計額）より高いため，こ
　　　の差額は固定資産売却益となる。

4．固定資産台帳

有形固定資産の明細を種類別に記録する補助簿を**固定資産台帳**という。固定
資産台帳には，建物台帳・備品台帳などの口座を設定し，取得年月日・取得原
価・減価償却費・帳簿価額などを記入する。

図表7－3　　固定資産台帳

備 品 台 帳

資 産 名	ノートパソコン〇〇製	耐用年数	5年
用 　途	器具・備品	償却方法	定額法
登録番号	〇〇〇〇	残存価額	ゼロ

年月日			摘　　要	取得原価	減価償却費	残　高	備　考
〇1	4	1	小切手支払い	300,000		300,000	
〇2	3	31	減価償却費		60,000	240,000	

第8章

株式会社会計

1．株式会社の設立

　株式会社を設立する場合は，発起人が発行可能株式総数などを定めた定款を作成して，株式を発行する。その後，株式の引受と払込を受け，会社設立の登記を行う。定款に定めた発行可能株式総数の範囲内であれば，取締役会の決議により，いつでも自由に株式を発行できる。ただし，会社の設立にあたっては，**発行可能株式総数の4分の1以上の株式**を発行しなければならない。

例題8－1　　以下の取引の仕訳を示しなさい。
　　牧原株式会社は，設立にあたって，株式400株を1株¥80,000で発行し，全額の引受と払込を受け，払込金額は当座預金とした。

※問題集 p.56, 問題 1 へ

解答　（借）当座預金　32,000,000　　（貸）資本金　32,000,000

2．増　資

　会社設立後，取締役会の決議によって資本金を増加させることを**増資**という。取締役会で新株の発行が決定されたあと，株主の募集，株式の申込，株式の割当てというステップを経て，払込期日の到来とともに増資の会計処理をする。新株の発行に際して，株式の申込を受け，株主からの払込は，資本金勘定で処理する。

例題 8 − 2　　以下の取引の仕訳を示しなさい。

　　今宮株式会社は，取締役会により増資を決議し，新たに株式200株を1株あたり¥60,000で発行し，全株式の払込みを受け，払込金額は当座預金とした。

※問題集 p.56，問題 2 へ

解答　（借）当座預金　　12,000,000　　　（貸）資 本 金　　12,000,000

3．剰余金の配当および処分

　剰余金とは，会社が獲得した利益のうち，まだ使い道が決まっていない金額のことを指す。株式会社では，株主からの出資金が元手となり，経営活動を行うため，基本的に会社が獲得した利益は株主のものである。したがって，会社が獲得した利益は，株主に還元される。これを剰余金の配当という。

　また，剰余金はすべて配当される訳ではなく，一部，会社法の規定や会社経営維持などの理由により，会社内に留保される。これを剰余金の処分という。剰余金の処分には，**利益準備金**の積立てや**任意積立金**の積立てがある。

（1）決算時の振替仕訳

　個人商店では，決算において損益勘定で計算された当期純利益または当期純損失は**資本金勘定（純資産）**に振替えた。株式会社では，決算時に**損益勘定**に集計された当期純利益あるいは当期純損失の金額は，**繰越利益剰余金勘定（純資産）**の貸方あるいは借方に振替えられる。

〈当期純利益の場合〉

　　（借）損　　　　　益　×××　　　（貸）繰越利益剰余金　×××

〈当期純損失の場合〉

（借）繰越利益剰余金　×××　　（貸）損　　　益　×××

例題8－3　以下の振替仕訳を示しなさい。

柳田株式会社は，第1期決算の結果，純利益￥9,000,000を計上した。

※問題集 p.56, 問題3 へ

解答　（借）損　　　益　9,000,000　　（貸）繰越利益剰余金　9,000,000

解説　個人商店の場合は，貸方勘定科目を資本金で処理する。

（2）繰越利益剰余金の配当

　剰余金のうち，配当財源となるものには，繰越利益剰余金とその他資本剰余金がある。株主総会で剰余金の配当等が決定したら，繰越利益剰余金またはその他資本剰余金（純資産）からそれぞれの勘定科目に振替える。繰越利益剰余金の貸方残高がある場合は，株主総会でその処分が決定される。繰越利益剰余金の処分が行われたときは，**繰越利益剰余金勘定**からそれぞれの処分項目の勘定に振替えられる。なお，未処分の金額がある場合は，繰越利益剰余金勘定貸方残高として繰越される。なお，株主配当金については，株主総会で金額が決定され，支払いは後日となるため，**未払配当金**で処理する。

（借）繰越利益剰余金　×××　　（貸）未払配当金など　×××

例題 8 − 4　　以下の取引の仕訳を示しなさい。

　　デスパイネ商事株式会社では，株主総会において，繰越利益剰余金勘定に
計上されている¥7,000,000 を次のように処分および配当することが決議され
た。

　　　利益準備金　¥400,000　　　　株主配当金　¥4,500,000
　　　別途積立金　¥650,000

※問題集 p.56, 問題 4 へ

解答　（借）繰越利益剰余金　　5,550,000　　　（貸）利益準備金　　　400,000
　　　　　　　　　　　　　　　　　　　　　　　　　　未払配当金　　4,500,000
　　　　　　　　　　　　　　　　　　　　　　　　　　別途積立金　　　650,000

解説　後に，配当を支払った場合は，未払配当金勘定の借方に記入する。

（3）法定準備金の積立

　会社法では，債権者保護の目的から**資本準備金**と**利益準備金**の 2 つの法定準
備金を純資産の部に積立てることを強制している。

①　資本準備金…資本として株主から払込まれた金額のうち，資本金として
　計上しなかった金額で，純資産の部に積立てることを特に定めたもので
　ある。株式払込剰余金は，資本準備金として積立てられる。配当財源が
　その他資本剰余金の場合には，資本準備金を積立てなければならない。
　資本準備金の最低積立額は，配当金の 10％（10 分の 1）となる。

②　利益準備金…会社の利益から会社法の定めにしたがって，強制的に純資
　産の部に積立てなければならない金額のこと。配当財源が繰越利益剰余
　金の場合には，利益準備金を積立てなければならない。利益準備金の最
　低積立額は，配当金の 10％（10 分の 1）となる。

③　任意積立金…会社の利益から積立てられた金額のうち，利益準備金以外
　のもの。

④　繰越利益剰余金…配当，処分が決定していない利益のこと。利益剰余金

のうち，利益準備金および任意積立金以外のもの。

例題8－5　以下の取引の仕訳を示しなさい。

　　グラシアル株式会社の株主総会において，繰越利益剰余金を財源とした剰余金を次のように処分および配当することが決議された。

株 主 配 当 金	¥5,500,000	利益準備金 ¥　？　（各自計算）
資　　本　　金	¥60,000,000	資本準備金　¥4,000,000
利益準備金残高	¥3,000,000	

※問題集 p.58, 問題 5 へ

解答　（借）繰越利益剰余金　　6,050,000　　（貸）未 払 配 当 金　　5,500,000
　　　　　　　　　　　　　　　　　　　　　　　　利 益 準 備 金　　　550,000

解説　利益準備金の積立額は，配当金の 10% であるため，
　　　　¥5,500,000×10％＝¥550,000

4．株式会社の純資産項目

　貸借対照表の資産と負債の差額が，純資産となる。純資産は株主資本と評価換算差額等に区分され，株主資本は株主からの出資金（元手）と会社の収益で構成されている。

純資産	株主資本	①資本金	
		②資本剰余金	④資本準備金
			⑤その他資本剰余金
		③利益剰余金	⑥利益準備金
			⑦任意積立金
			⑧繰越利益剰余金
	評価・換算差額等	⑨その他有価証券評価差額金	

①　資本金：株式会社が最低限維持しなければならない金額。

②　資本剰余金：株主からの払込金額のうち，資本金以外のもの。

③　利益剰余金：会社の利益から生じたもの。

④　資本準備金：資本金を増加させる取引のうち，資本金として計上しなかった金額。株式払込剰余金は，資本準備金として積立てられる。

⑤　その他資本剰余金：資本準備金以外の資本剰余金。配当財源がその他資本剰余金の場合，資本準備金の最低積立額は，配当金の 10％（10 分の 1）となる。

⑥　利益準備金：会社法で積立が強制されている金額。配当財源が繰越利益剰余金の場合，利益準備金の最低積立額は，配当金の 10％（10 分の 1）となる。

⑦　任意積立金：会社が任意で積立てた金額で，利益準備金以外のもの。

⑧　繰越利益剰余金：配当，処分が決定していない利益のこと。利益剰余金のうち，利益準備金および任意積立金以外のもの。

⑨　その他有価証券評価差額金：その他有価証券を時価評価した際に生じる換算差額。

第9章

経 過 勘 定

1．費用・収益の見越と繰延

　期中に記録・集計された費用・収益の諸勘定は，決算のときに損益勘定に振替えて，純損益を計算する。しかし，当期の費用と収益に計上されたものの中には，次期以降に属する分が含まれている場合がある。また，当期中に収入や支出がないものでも，当期の費用や収益に計上しなければならない場合がある。決算において，適正な損益計算をするためには，次期以降に属する費用と収益は，当期の損益計算から除外する必要がある。この手続を**費用・収益の繰延**という。また，当期に属する費用と収益に足りない部分を，当期の損益計算に含める必要がある。この手続を**費用・収益の見越**という。

　費用・収益の見越しと繰延べの処理のために設けられる勘定は，決算時に一時経過的に設けられるので，経過勘定と呼ばれる。

2．費用の前払

　地代，家賃，保険料など，当期に支払った金額には，次期以降の費用に属する部分が含まれることがある。たとえば，3月末日が決算日の会社が，当期の6月1日に地代を1年分まとめて支払った場合，決算日以降のすでに支払った4，5月分の支払地代は，当期の地代ではないので，次期の費用にしなければならない。

　このように当期の支払額に次期の費用が含まれる場合，決算にあたり，それらの費用の勘定から次期の費用を差引く。そして，前払地代，前払家賃，前払

保険料（資産勘定）などの勘定を設けて，その勘定の借方に記入する。この資産として次期に繰越す前払分を，前払費用という。前払費用は，翌期首に当該費用勘定に再振替する。

例題 9 ─ 1 次の一連の取引を仕訳するとともに転記しなさい。

① 6月 1日 1年分の地代¥120,000 を現金で支払った。

② 3月31日 決算にあたり，上記の地代のうち前払分を次期に繰延べた。

③ 3月31日 支払地代の当期分を損益勘定に振替えた。

④ 4月 1日 前払地代を支払地代勘定に再振替した。

※問題集 p.64, 問題 1・2 へ

解答

①	（借）支 払 地 代	120,000	（貸）現　　　　金	120,000
②	（借）前 払 地 代	20,000	（貸）支 払 地 代	20,000
③	（借）損　　　　益	100,000	（貸）支 払 地 代	100,000
④	（借）支 払 地 代	20,000	（貸）前 払 地 代	20,000

支 払 地 代

6/1	現　　金	120,000	3/31	前 払 地 代	20,000
			〃	損　　益	100,000
		120,000			120,000
4/1	前 払 地 代	20,000			

前 払 地 代

3/31	支 払 地 代	20,000	3/31	次 期 繰 越	20,000
4/1	前 期 繰 越	20,000	4/1	支 払 地 代	20,000

解説 6月1日に1年分の地代¥120,000 を支払い，決算日が3月末であるため，支払った地代のうち4，5月分は次期の地代となる。次期の地代である前払地代は，6月1日に支払った地代¥120,000÷12ヶ月×2ヶ月（4，5月分）＝¥20,000 である。前払地代は，経過勘定であるため次期の期首に再振替仕訳をする。

前払地代：6 月 1 日に支払った地代￥120,000× $\dfrac{2\,\text{ヶ月}\,(4,\ 5\,\text{月分})}{12\,\text{ヶ月}}$ ＝￥20,000

当期の地代：6 月 1 日に支払った地代￥120,000－前払地代￥20,000 ＝￥100,000

3．収益の前受

　土地や店舗を貸した場合に生じる受取地代や受取家賃など，当期に受取った金額には，次期以降の収益に属する部分が含まれることがある。たとえば，3月末日が決算日の会社が，6 月 1 日に貸店舗の家賃を 1 年分まとめて受取った場合，決算日以降のすでに受取った 4, 5 月分の受取家賃は，当期の家賃ではないので，次期の収益にしなければならない。

　このように当期の受取額に次期の収益が含まれる場合，決算にあたり，それらの収益の勘定から次期の収益を差引く。そして，前受地代，前受家賃（負債勘定）などの勘定を設けて，貸方に記入する。この負債として次期に繰延べる前受分を，前受収益という。前受収益は，翌期首に当該収益勘定に再振替する。

例題9－2　次の一連の取引を仕訳するとともに転記しなさい。
　① 6 月 1 日　店舗を賃貸することになり，1 年分の家賃￥300,000 を現金で受取った。
　② 3 月 31 日　決算にあたり，上記の家賃のうち前受分を次期に繰延べた。
　③ 3 月 31 日　受取家賃の当期分を損益勘定に振替えた。
　④ 4 月 1 日　前受家賃を受取家賃勘定に再振替した。

※問題集 p.64, 問題 1・2 へ

解答
①	(借) 現　　金	300,000	(貸) 受 取 家 賃	300,000
②	(借) 受 取 家 賃	50,000	(貸) 前 受 家 賃	50,000
③	(借) 受 取 家 賃	250,000	(貸) 損　　益	250,000
④	(借) 前 受 家 賃	50,000	(貸) 受 取 家 賃	50,000

受 取 家 賃

3/31 前受家賃	50,000	6/1 現　金	300,000
〃 損　益	250,000		
	300,000		300,000
		4/1 前受家賃	50,000

前 受 家 賃

3/31 次期繰越	50,000	3/31 受取家賃	50,000
4/1 受取家賃	50,000	4/1 前期繰越	50,000

解説 6月1日に1年分の家賃￥300,000を受取り，決算日が3月末であるため，受取った家賃のうち4，5月分は次期の家賃となる。次期の家賃である前受家賃は，6月1日に受取った家賃￥300,000÷12ヶ月×2ヶ月(4，5月分)＝￥50,000である。前受家賃は，経過勘定であるため次期の期首に再振替仕訳をする。

前受家賃：6月に受取った家賃￥300,000 × $\dfrac{2\,\text{ヶ月}(4，5月分)}{12\,\text{ヶ月}}$ ＝￥50,000

当期の受取家賃：6月に受取った家賃￥300,000 － 前受家賃￥50,000 ＝￥250,000

4．費用の未払

　借入金の利息や支払家賃などには，決算日までに支払っていなくても，当期の費用になる部分がある。たとえば，3月末日が決算日の会社が，1月1日に借入金を借入期間1年で借りて，利息は元本とともに返済日に支払うという場合，1月1日から3月末日までの利息はまだ支払っていないが，当期の支払利息にしなければならない。

　このように，当期分だがまだ支払っていない費用がある場合，決算にあた

り，それらを当期の費用に加算する。そして，未払利息，未払地代（負債勘定）などの勘定を設けて，貸方に記入する。この負債として次期に繰越す未払分を，未払費用という。未払費用は，翌期首に当該費用勘定に再振替する。

例題9－3 次の一連の取引を仕訳するとともに転記しなさい。

① 3月31日 1月1日に借入金¥100,000を年利率3%，貸付期間1年で借りて，利息は元本とともに返済日に払うことになっていた。決算にあたり，当期分の未払利息を計上した。

② 3月31日 当期の支払利息を損益勘定に振替えた。

③ 4月1日 未払利息を支払利息勘定に再振替した。

※問題集p.64, 問題2 へ

解答
① （借）支払利息 750 （貸）未払利息 750
② （借）損　　益 750 （貸）支払利息 750
③ （借）未払利息 750 （貸）支払利息 750

支 払 利 息

3/31 未払利息	750	3/31 損　　益	750
		4/1 未払利息	750

未 払 利 息

3/31 次 期 繰 越	750	3/31 支 払 利 息	750
4/1 支 払 利 息	750	4/1 前 期 繰 越	750

解説 1月1日の借入金の利息はまだ支払っていないが，決算日が3月末であるため，1，2，3月分は当期分の利息（支払利息）となる。同時に，実際にはまだ支払っていないので未払利息となる。未払利息は，借入金¥100,000×年利率3%÷12ヶ月×3ヶ月（1，2，3月分）＝¥750である。そして，この支払利息¥750が損益勘定に振替えられる。未払利息は，経過勘定であるため次期の期首に再振替仕訳をする。

$$未払利息：借入金 ¥100,000 × 利率3\% × \frac{3 ヶ月（1，2，3月分）}{12 ヶ月} = ¥750$$

5．収益の未収

　貸付金の利息などには，決算日までに受取っていなくても，当期の収益になる部分がある。たとえば，3月末日が決算日の会社が，12月1日に貸付金を貸付期間1年で貸付け，利息は元本とともに返済日に受取るという場合，12月1日から3月末日までの利息はまだ受取っていないが，当期の利息としなければならない。

　このように，当期分だがまだ受取っていない収益がある場合，決算にあたり，それらを当期の収益に加算する。そして，未収利息（資産勘定）などの勘定を設けて，借方に記入する。このように資産として次期に繰越す未収分を未収収益という。未収収益は，翌期首に当該収益勘定に再振替する。

例題9－4　次の一連の取引を仕訳するとともに転記しなさい。

① 3月31日　12月1日に貸付金 ¥300,000 を年利率5％，貸付期間1年で貸付け，利息は元本とともに返済日に受取ることになっていた。決算にあたり，当期分の未収利息を計上した。
② 3月31日　当期の受取利息を損益勘定に振替えた。
③ 4月1日　未収利息を受取利息勘定に再振替した。

※問題集 p.64，問題 2 へ

解答

①	（借）未収利息	5,000	（貸）受取利息	5,000
②	（借）受取利息	5,000	（貸）損　益	5,000
③	（借）受取利息	5,000	（貸）未収利息	5,000

受 取 利 息

3/31	損　　益	5,000	3/31	未 収 利 息	5,000
4/1	未 収 利 息	5,000			

未 収 利 息

3/31	受 取 利 息	5,000	3/31	次 期 繰 越	5,000
4/1	前 期 繰 越	5,000	4/1	受 取 利 息	5,000

解説　12月１日の貸付金の利息はまだ受取っていないが，決算日が３月末であるため，12，1，2，3月分は当期の利息（受取利息）となる。同時に，実際には受取っていないので未収利息となる。未収利息は，貸付金￥300,000×年利率5%÷12ヶ月×4ヶ月（12，1，2，3月分）=￥5,000となる。そして，この受取利息￥5,000が損益勘定に振替えられる。未収利息は経過勘定であるため次期の期首に再振替仕訳をする。

$$未収利息：貸付金￥300,000×利率5\%×\frac{4 ヶ月（12，1，2，3 月分）}{12 ヶ月}=￥5,000$$

6．貯蔵品の処理

　事務用品などの消耗品は，購入時に消耗品費（費用）として処理する。郵便切手は，購入時に通信費（費用）として処理する。また，収入印紙は購入時に租税公課（費用）として処理する。このうち，郵便切手と収入印紙は，換金性が高いため，決算において未使用分を，貯蔵品勘定（資産）に振替える処理がされる。貯蔵品勘定は，翌期首に再振替仕訳がされる。

例題 9 － 5　次の一連の取引を仕訳しなさい。

① 事務に使用される消耗品¥5,000 を購入し，代金は現金で支払った。

② 郵便切手¥8,000 と収入印紙¥9,000 を購入し，代金は小切手を振出して支払った。

③ 決算において，貯蔵品の棚卸をしたところ郵便切手の未使用分が¥1,000，収入印紙の未使用分が¥500 あったので，これを処理した。

④ 期首になり，貯蔵品に振替えた郵便切手と収入印紙を再振替した。

※問題集 p.64, 問題 3 へ

解答
① （借）消耗品費　　5,000　　（貸）現　　金　　5,000
② （借）通 信 費　　8,000　　（貸）当座預金　 17,000
　　　　租税公課　　9,000
③ （借）貯 蔵 品　　1,500　　（貸）通 信 費　　1,000
　　　　　　　　　　　　　　　　　　租税公課　　 500
④ （借）通 信 費　　1,000　　（貸）貯 蔵 品　　1,500
　　　　租税公課　　 500

解説　消耗品の購入は消耗品費，切手の購入は通信費，収入印紙の購入は租税公課で処理される。決算において，郵便切手と収入印紙の未使用分は貯蔵品へと振替えられる。貯蔵品は翌期首には再振替仕訳が行われる。なお，一般的に消耗品費は，決算において未使用分があっても振替える処理はされない。

第10章

税　　金

1．株式会社の税金

　株式会社に課される主な税金として，法人税，住民税，事業税，固定資産税，印紙税などがあげられる。これらの税金は，国が課す税金と地方公共団体が課す税金とに分類することができる。また，これらの税金は，課税所得をもとに税額が計算される税金と，課税所得とは関係なく税額が計算される税金に分けられる。

図表10－1　税金の種類

	法人税（国税）
課税所得により計算される税金	住民税（地方税）
	事業税（地方税）
課税所得と関係なく計算される税金	固定資産税（地方税）
	印紙税（国税）

2．法人税，住民税及び事業税

　法人税とは，株式会社などの法人に課される国税であり，課税所得額に税率を乗じて計算される。住民税とは，地域住民である法人と個人に課される地方税であり，株式会社の場合，資本金等の額に応じて計算される均等割額と法人税額に税率を乗じることで計算される法人税割額の合計がその金額となる。事

業税とは，事業活動を行っている法人と個人に課される地方税であり，課税所得に税率を乗じることで計算される。これらの税金は，**法人税，住民税及び事業税（法人税等）勘定**（費用）によって処理される。

　株式会社は，法人税，住民税及び事業税を決算日から2ヶ月以内に確定申告を行い，納付しなければならない。また，税額が一定以上の会社は，中間納付を行うことになっている。その税額は，**仮払法人税等勘定**（資産）で処理する。そして，決算時に税引前当期純利益が計算され，法人税等の税額も計算される。この金額から，仮払法人税等を差引いた金額が，**未払法人税等**となり，後日会社が納付しなければならない金額である。

①　中間納付

（借）仮　払　法　人　税　等　×××　　　（貸）現　金　な　ど　×××

②　決算時

（借）法人税，住民税及び事業税　×××　　　（貸）仮払法人税等　×××
　　　　　　　　　　　　　　　　　　　　　　　　　未払法人税等　×××

③　納付時

（借）未　払　法　人　税　等　×××　　　（貸）現　金　な　ど　×××

例題 10 − 1　次の一連の取引の仕訳を示しなさい。
　①　A 社は法人税の中間納付を行い，税額￥250,000 を現金で支払った。
　②　決算の結果，A 社は法人税，住民税及び事業税が￥700,000 と計算された。
　③　A 社は確定申告を行い，法人税，住民税及び事業税を現金で納付した。

※問題集 p.68，問題 1 へ

解答　①（借）仮　払　法　人　税　等　250,000　　（貸）現　　　　　金　250,000
　　　　②（借）法人税，住民税及び事業税　700,000　　（貸）仮払法人税等　250,000
　　　　　　　　　　　　　　　　　　　　　　　　　　　　　未払法人税等　450,000

③（借）未 払 法 人 税 等 450,000 （貸）現　　金 450,000

3．租税公課

（1）固定資産税

　　固定資産税は，所有している土地や建物などの固定資産に対して課される地方税である。毎年1月1日に所有している固定資産の評価額にもとづき税額が決定され，4期に分けて納付する。固定資産税を納付した場合，租税公課勘定の借方に記入する。

（2）印 紙 税

　　印紙税とは，契約書，領収書や手形などの文章を作成したときにかかる国税である。印紙税は，収入印紙を購入した時に租税公課勘定の借方に記入する。決算時に未使用の収入印紙がある場合，貯蔵品勘定に振替える。

例題 10 － 2　次の取引の仕訳を示しなさい。

① 固定資産税の第1期分￥7,000を現金で納付した。
② 郵便局で切手￥1,000と収入印紙￥2,000を現金で購入した。
③ 決算において，収入印紙￥500が未使用であった。

※問題集 p.68,　問題 2 へ

解答　①（借）租 税 公 課　7,000　（貸）現　　金　7,000
　　　　②（借）通 信 費　1,000　（貸）現　　金　3,000
　　　　　　　租 税 公 課　2,000
　　　　③（借）貯 蔵 品　500　（貸）租 税 公 課　500

解説　①②固定資産税，印紙税は租税公課勘定にて処理する税金である。なお，切手は通信費として処理する。
　　　　③決算時において未使用収入印紙がある場合，貯蔵品勘定に振替える。

４．消 費 税

消費税とは，物品やサービスなどの消費に対して課される税金であり，この税の負担者は消費者である。しかし，消費者が税務署に直接納付するのではなく，企業が販売価格に消費税額を上乗せし，消費税を消費者から預かり納付する。また，企業が物品やサービスを消費した場合は，それに対する消費税を負担する。したがって，企業は，受取った消費税額と支払った消費税額の差額を納付することになる。

企業が商品を仕入れ消費税を払った場合は，**仮払消費税勘定**（資産）の借方に記入する。また，商品を売上げた場合は，受取った税額を**仮受消費税勘定**（負債）の貸方に記入する。このように，消費税の支払や受取時に仮払消費税や仮受消費税を用いる方法を税抜方式という。そして，決算時には，仮受消費税と仮払消費税を相殺し，その差額が消費税の納付額となる。この納付額を**未払消費税勘定**（負債）で処理し，消費税の確定申告のときに支払う。

① 消費税を受取った場合

（借）現 金 な ど　×××　　　（貸）売　　　上　×××
　　　　　　　　　　　　　　　　　　　仮受消費税　×××

② 消費税を支払った場合

（借）仕　　　入　×××　　　（貸）現 金 な ど　×××
　　　仮払消費税　×××

③ 決算時

（借）仮受消費税　×××　　　（貸）仮払消費税　×××
　　　　　　　　　　　　　　　　　　　未払消費税　×××

④　納付時

（借）未払消費税　×××　　　（貸）現 金 な ど　×××

例題 10 － 3　次の一連の取引の仕訳を示しなさい。

①　商品￥120,000 を仕入れ，代金は消費税￥12,000 とともに現金で支払った。

②　上記商品を￥300,000 で販売し，代金は消費税￥30,000 とともに現金で受取った。

③　決算に際して，上記①②に関する納付すべき消費税額を未払消費税として計上した。

④　消費税の確定申告を行い，上記③の未払消費税を現金で支払った。

※問題集 p.68, 問題 3 へ

解答　①（借）仕　　　　入　120,000　　　（貸）現　　　　金　132,000
　　　　　　　　仮払消費税　　12,000
　　　　②（借）現　　　　金　330,000　　　（貸）売　　　　上　300,000
　　　　　　　　　　　　　　　　　　　　　　　　仮受消費税　　30,000
　　　　③（借）仮受消費税　　30,000　　　（貸）仮払消費税　　12,000
　　　　　　　　　　　　　　　　　　　　　　　　未払消費税　　18,000
　　　　④（借）未払消費税　　18,000　　　（貸）現　　　　金　18,000

解説　消費税を受取った場合は仮受消費税，消費税を支払った場合は仮払消費税で処理する。企業が実際に納める消費税額は，仮受消費税額と仮払消費税額の差額となる。

第11章

伝 票 会 計

1．伝票会計

　取引が生じると，普通仕訳帳もしくは特殊仕訳帳に記入し，その記録をもとに総勘定元帳に転記をする。企業は，多くの取引を迅速に記帳し，効率的に総勘定元帳に転記する必要がある。この問題を解決する方法の一つとして伝票会計制度がある。

　伝票とは，取引の内容や仕訳を記載する証票であり，記入された伝票に基づき元帳に転記される。伝票には，取引の事実に基づいて，日付，取引相手，金額等を記入する。伝票を作成することを起票という。

2．三伝票制

　会社の取引は現金収支をともなう入金取引と出金取引，現金収支をともなわない振替取引に区別することができる。このような取引分類に基づいて，入金取引は入金伝票（赤刷）に，出金取引は出金伝票（青刷）に，振替取引は振替伝票（黒刷または青刷）に記入する方法を，3つの伝票を使うことから**三伝票制**という。

入金伝票　No.			
年　月　日		承認印	係　印
科　目		入金先　　　殿	
摘　　要		金　額	
合　計			

出金伝票　No.			
年　月　日		認証印	係　印
科　目		出金先　　　殿	
摘　　要		金　額	
合　計			

振替伝票　No.			
年　月　日		承認印	係　印
勘定科目	借　方	勘定科目	貸　方
合　計		合　計	

摘要

（1）入金伝票

入金伝票は，現金収入があったときに起票されるものである。入金伝票を利用するときは，借方科目が現金であるため，貸方科目とその金額を入金伝票に記入する。

（2）出金伝票

出金伝票は，現金支出があったときに起票されるものである。出金伝票を利用するときは，貸方科目が現金であるため，借方科目とその金額を出金伝票に記入する。

（3）振替伝票

　三伝票制において**振替伝票**は，入金取引と出金取引以外の取引を行ったとき
に起票されるものである。そのため，入金伝票や出金伝票とは異なり，振替伝
票の借方科目と貸方科目は限定されていない。

　振替取引には，現金をまったくともなわない全部振替取引と，一部に現金収
支をともなう一部振替取引の2種類がある。全部振替取引における振替伝票に
は借方科目，貸方科目とその金額を記入する。一方で，一部振替取引には2つ
の起票方法がある。第1の方法は，取引を入金部分と振替部分に分解する方法
である。入金額については入金伝票を，出金額については出金伝票を利用し，
残額については振替伝票を起票する。たとえば，売上¥10,000のうち現金
¥6,000，売掛金¥4,000で受取ったとすると，実際の仕訳は以下のようになる。

```
　　　　　（借）現　　　金　　　6,000　　（貸）売　　　上　　　10,000
　　　　　　　　売　掛　金　　　4,000
```

　この取引を分解して起票する場合は以下のように分ける。

```
①　（借）現　　　金　　　6,000　　（貸）売　　　上　　　6,000
②　（借）売　掛　金　　　4,000　　（貸）売　　　上　　　4,000
```

　分解した取引のうち①は現金収入のある取引なので，入金伝票を起票し，②
の取引は振替伝票を起票する。

　第2の方法は，取引を擬制して，いったん全部振替取引があったものとみな
し，全額について振替伝票を起票し，その後，そのうち一部が入金取引または
出金取引が発生したものとして，それに相当する金額について入金伝票または
出金伝票を起票する。上記の例を使い仕訳を示すと，次のようになる。

```
①　（借）売　掛　金　　　10,000　　（貸）売　　　上　　　10,000
②　（借）現　　　金　　　6,000　　（貸）売　掛　金　　　6,000
```

　上記の取引のうち①は振替伝票に記入し，②は入金取引なので入金伝票に記

入する。

例題 11 － 1 次の各伝票（略式）に記入されている取引について，仕訳を示し
なさい。

①
入金伝票
売　掛　金　　40,000

②
出金伝票
仕　　　入　　20,000

③
振替伝票	
受 取 手 形　15,000	売　掛　金　15,000

※問題集 p.72，問題 1 へ

解答
① （借）現　　　金　40,000　　（貸）売　掛　金　40,000
② （借）仕　　　入　20,000　　（貸）現　　　金　20,000
③ （借）受 取 手 形　15,000　　（貸）売　掛　金　15,000

解説
① 入金伝票は借方科目が現金になる。
② 出金伝票は貸方科目が現金になる。
③ 振替伝票は入金・出金取引以外の取引を記入するものであり，伝票に記入した通りの仕訳になる。

例題 11 － 2 次の取引を①売上を分割する方法，②売上の全額をいったん掛とする方法によって，各伝票（略式）に起票しなさい。

　20××年 5 月 12 日　Y 商店へ商品￥150,000 を販売し，代金のうち￥80,000を現金で受取り，残りを掛とした。

※問題集 p.72，問題 2 へ

解答 ① 売上を分割する方法

入金伝票	振替伝票
20××年5月12日	20××年5月12日
売　上　　80,000	売 掛 金　70,000　売　上　70,000

② 売上の全額をいったん掛とする方法

入金伝票	振替伝票
20××年5月12日	20××年5月12日
売 掛 金　　80,000	売 掛 金　150,000　売　上　150,000

解説 ① 売上を分割する方法の仕訳を示すと以下のようになる。

　　　（借）現　　　金　　80,000　　（貸）売　　　上　　80,000
　　　（借）売 掛 金　　70,000　　（貸）売　　　上　　70,000

② 売上の全額をいったん掛とする方法の仕訳を示すと以下のようになる。

　　　（借）売 掛 金　150,000　　（貸）売　　　上　150,000
　　　（借）現　　　金　　80,000　　（貸）売 掛 金　　80,000

3．伝票の記帳

　伝票に記入された取引は，総勘定元帳と補助簿に転記される。転記の方法には，一枚ごとに転記する個別転記と1日分または1週間分の伝票をまとめて転記する合計転記がある。合計転記をする場合，一定期間ごとに各伝票を仕訳集計表にまとめ，そこから総勘定元帳に転記する。三伝票制における転記の流れは，図表11−1となる。ただし，開始仕訳や決算記入は普通仕訳帳で行う。

図表11− 1　三伝票制における転記の流れ

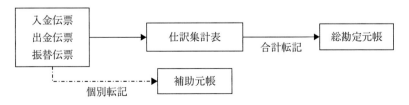

第12章

決　算

1．決算手続

　決算とは，その会計期間中に帳簿に記録した諸取引に必要な整理・精算を加えて集計し，その期間の経営成績と財政状態を把握するとともに，帳簿を締切るための諸手続をいう。

　決算の中心は元帳勘定の締切にある。決算においては，会計期間の経営成績と期末の財政状態を明らかにするために，損益計算書と貸借対照表を作成する。決算手続には，決算予備手続，決算本手続，および財務諸表の作成という一連の過程がある。

　決算手続は以下の内容と順序で行われる。

〈決算予備手続〉

　　①　試算表の作成

　　②　棚卸表の作成と修正事項の整理

　　③　試算表および修正事項から精算表を作成

〈決算本手続〉

　　①　精算表を利用しての各勘定の修正記入

　　②　損益勘定を設定し，収益・費用の各勘定残高を損益勘定に振替

　　③　損益勘定残高を繰越利益剰余金勘定へ振替

　　④　収益・費用の各勘定と損益勘定の締切

　　⑤　資産・負債・純資産（資本）の各勘定の締切，各勘定の繰越

　　⑥　繰越試算表の作成

〈財務諸表の作成〉

　　①　損益勘定と繰越試算表から損益計算書と貸借対照表を作成

２．決算予備手続

　決算予備手続では，決算本手続に入る前に，試算表を作成し，勘定残高の確認を行う。そして，棚卸表を作成し，決算整理事項を整理する。さらに，試算表および決算整理事項に基づき，精算表を作成する。これらの決算予備手続によって，総勘定元帳の正確性が検証され，さらに勘定金額の修正の要否が確認される。

（１）試算表の作成

　試算表は，期中における仕訳帳から総勘定元帳への転記が，正確に行われたかを確認するために作成される。

　試算表には，合計試算表，残高試算表，合計残高試算表，繰越試算表などの種類がある。合計試算表は勘定の貸借のそれぞれの合計金額を集計し，一覧表にしたものである。また，残高試算表は各勘定の残高を集計し，一覧表にしたものである。合計残高試算表は合計試算表と残高試算表を合わせた一覧表である（第２章参照）。

（２）棚卸表の作成と決算整理

　決算は総勘定元帳の勘定記録に基づいて行われる。しかし，これらの勘定記録の中には，決算時点での実際残高と一致していないものや，当該会計期間の収益や費用の適正な発生額を示していないものが存在する。そこで，決算時に，このような勘定を整理し適正な金額に修正する必要があり，そのための修正手続を**決算整理**という。また，決算整理を必要とする事項を決算整理事項という。この時，決算整理事項をまとめて記載した一覧表である**棚卸表**が作成される。

本書で取り扱われる決算整理事項は以下の通りである。

① 現金過不足勘定の整理（第3章）

② 当座借越の振替（第3章）

③ 売上原価の計算（第4章）

④ 売上債権に対する貸倒の見積（第5章）

⑤ 有形固定資産の減価償却（第7章）

⑥ 収益・費用の前受・前払と未収・未払（第9章）

⑦ 貯蔵品の棚卸（第9章）

⑧ 消費税の処理（第10章）

⑨ 法人税等の処理（第10章）

図表12－1　合計残高試算表

合計残高試算表
20×2年3月31日

借方 残高	借方 合計	元丁	勘定科目	貸方 合計	貸方 残高
15,000	100,000		現　　　金	85,000	
110,000	200,000		受 取 手 形	90,000	
140,000	300,000		売 掛 金	160,000	
24,000	24,000		繰 越 商 品		
25,000	25,000		仮 払 消 費 税		
120,000	120,000		備　　　品		
	75,000		支 払 手 形	175,000	100,000
	120,000		買 掛 金	200,000	80,000
			仮 受 消 費 税	37,500	37,500
			貸 倒 引 当 金	4,000	4,000
			備品減価償却累計額	81,000	81,000
			資 本 金	100,000	100,000
			繰 越 利 益 剰 余 金	25,000	25,000
			売　　　上	375,000	375,000
			受 取 利 息	5,000	5,000
250,000	250,000		仕　　　入		
58,500	58,500		給　　　料		
55,000	55,000		支 払 家 賃		
10,000	10,000		支 払 保 険 料		
807,500	1,337,500			1,337,500	807,500

図表12－2　棚　卸　表

棚　卸　表

20××年 3 月 31 日

勘定科目	摘　　　　要	内　訳	金　額
受 取 手 形	期末残高	220,000	
	貸倒引当金 3 %	6,600	213,400
売 掛 金	期末残高	280,000	
	貸倒引当金 3 %	8,400	271,600
繰 越 商 品	A 品　200 個　　　@ ¥ 140	28,000	
	B 品　100 個　　　@ ¥ 200	20,000	48,000
備 　 品	取得原価	240,000	
	備品減価償却累計額　　¥ 162,000		
	当期減価償却額　　　　¥ 27,000	189,000	51,000
未 収 利 息	年額　　　¥ 36,000　未収分 3 ヵ月		9,000
未 払 家 賃	月額　　　¥ 10,000　未払分 1 ヵ月		10,000
前 払 保 険 料	月額　　　¥ 500　前払分 3 ヵ月		1,500

（3）精算表の作成

　精算表とは，残高試算表に決算整理による調整を加え（修正記入），損益計算書および貸借対照表を作成するまでの一連の決算概要を示した集計計算表のことをいう。精算表では決算の概要を一覧表示するとともに，それによって事前に決算の計算過程やその結果を確認できる。

　精算表には，6 桁精算表，8 桁精算表，10 桁精算表などがあり，その作成手順は，6 桁精算表の作成手順（第 2 章）を基本としている。8 桁精算表は 6 桁精算表に決算整理のための修正記入欄を設けたものであり，10 桁精算表は 8 桁精算表に決算整理後残高試算表欄を設けたものである。本章では，8 桁精算表の作成手順を紹介する。

　①　総勘定元帳に設定された各勘定の残高を，残高試算表欄に記入する。

　②　決算整理事項に基づいて，修正記入欄に記入する。

　③　試算表欄の資産・負債・純資産（資本）に属する各勘定の金額に，修正

図表12－3　精　算　表

精　算　表
20××年3月31日

勘定科目	試　算　表		修　正　記　入		損益計算書		貸借対照表	
	借　方	貸　方	借　方	貸　方	借　方	貸　方	借　方	貸　方
資 産 の 勘 定	3,000		＋1,000	－			4,000	
負 債 の 勘 定		800	－ 100	＋300				1,000
純 資 産 の 勘 定		2,000	－	＋				2,000
収 益 の 勘 定		1,600	－	＋500		2,100		
費 用 の 勘 定	1,400		＋	－ 300	1,100			
当 期 純 利 益					1,000			1,000
	4,400	4,400	1,100	1,100	2,100	2,100	4,000	4,000

記入欄の金額を加減し，貸借対照表欄に移記する。このとき，加減算は以下のとおりに行う。

● 修正記入欄の金額が試算表欄と同じ側に記入（借方同士，貸方同士）された場合は加算。

● 修正記入欄の金額が試算表欄と逆側に記入（貸借逆）された場合は減算し，残高がある側に記入。

④ 試算表欄の収益・費用に属する各勘定の金額に，修正記入欄の金額を加減し，損益計算書欄に移記する。このとき，加減算は③と同様に行う。

⑤ 修正記入により新たに追加された各勘定の金額を，損益計算書欄または貸借対照表欄へ移記する。

⑥ 損益計算書欄および貸借対照表欄の借方・貸方の金額をそれぞれ合計する。そして，その差額を当期純利益または当期純損失として合計金額の少ない方に記入する。

例題 12 − 1　図表 12 − 1の合計残高試算表と，以下の決算整理事項に基づいて，精算表を完成させなさい（会計期間：20×1年 4 月 1 日から 20×2 年 3 月 31 日）。

決算整理事項

① 受取手形および売掛金の期末残高に対して，3% の貸倒を見積もる（差額補充法）。

② 商品期末有高は¥35,000 である。

③ 備品について，減価償却を行う。償却方法は定額法により，耐用年数は 8 年，残存価額は取得原価の 10% である。

④ 受取利息¥4,500 が未収である。

⑤ 支払家賃は月¥5,000 であるが，20×2 年 3 月分が未払いとなっている。

⑥ 支払保険料のうち¥6,000 は 20×1 年 6 月 1 日に向こう 1 年分を前払いしたもので，2 ヶ月分が未経過である。

⑦ 仮払消費税と仮受消費税を相殺し，その差額を未払消費税として計上する。

※問題集 p.82, 問題 2, p.84, 問題 3 へ

解答　仕訳

① 貸倒引当金の設定

（借）貸倒引当金繰入　3,500　（貸）貸倒引当金　3,500

② 売上原価の算定（仕入勘定で計算）

（借）仕入　24,000　（貸）繰越商品　24,000
　　　繰越商品　35,000　　　　仕入　35,000

③ 有形固定資産（備品）の減価償却

（借）備品減価償却費　13,500　（貸）備品減価償却累計額　13,500

④ 受取利息の未収処理

（借）未収利息　4,500　（貸）受取利息　4,500

⑤ 支払家賃の未払処理

（借）支払家賃　5,000　（貸）未払家賃　5,000

⑥ 保険料の前払処理

（借）前払保険料　1,000　（貸）支払保険料　1,000

⑦ 消費税の処理

（借）仮受消費税　37,500　（貸）仮払消費税　25,000
　　　　　　　　　　　　　　　　未払消費税　12,500

精　算　表

20×2年3月31日

勘定科目	試算表 借方	試算表 貸方	修正記入 借方	修正記入 貸方	損益計算書 借方	損益計算書 貸方	貸借対照表 借方	貸借対照表 貸方
現　　　　金	15,000						15,000	
受　取　手　形	110,000						110,000	
売　　掛　　金	140,000						140,000	
繰　越　商　品	24,000		②35,000	②24,000			35,000	
仮　払　消　費　税	25,000			⑦25,000				
備　　　　品	120,000						120,000	
支　払　手　形		100,000						100,000
買　　掛　　金		80,000						80,000
仮　受　消　費　税		37,500	⑦37,500					
貸　倒　引　当　金		4,000		①3,500				7,500
備品減価償却累計額		81,000		③13,500				94,500
資　　本　　金		100,000						100,000
繰越利益剰余金		25,000						25,000
売　　　　上		375,000				375,000		
受　取　利　息		5,000		④4,500		9,500		
仕　　　　入	250,000		②24,000	②35,000	239,000			
給　　　　料	58,500				58,500			
支　払　家　賃	55,000		⑤5,000		60,000			
支　払　保　険　料	10,000			⑥1,000	9,000			
	807,500	807,500						
貸倒引当金繰入			①3,500		3,500			
備品減価償却費			③13,500		13,500			
未　収　利　息			④4,500				4,500	
未　払　家　賃				⑤5,000				5,000
前　払　保　険　料			⑥1,000				1,000	
未　払　消　費　税				⑦12,500				12,500
当　期　純　利　益					1,000			1,000
			124,000	124,000	384,500	384,500	425,500	425,500

解説 ① 貸倒引当金を設定するときは，貸倒引当金繰入（費用）を計上するとともに，貸倒引当金（負債）で処理する。貸倒引当金を繰入れる際，試算表の残高が¥4,000あることに注意する。

貸倒引当金設定額：¥250,000(受取手形および売掛金の期末残高)×3％＝¥7,500

貸倒引当金繰入額：¥7,500－¥4,000(貸倒引当金残高)＝¥3,500

② 繰越商品勘定の残高（期首商品棚卸高）を仕入勘定の借方に振替えたのち，期末商品棚卸高を仕入勘定から繰越商品勘定の借方に振替える。この仕訳によって，仕入勘定は売上に対応する売上原価を計算できるようになる。

③ 減価償却費：$(\underset{取得原価}{¥120,000} - \underset{残存価額}{¥120,000×10\%}) ÷ \underset{耐用年数}{8\,年} = ¥13,500$

④ 受取利息の未収分を見越し計上する。受取利息として未収分¥4,500を加算する仕訳である。

⑤ 家賃の未払分を見越し計上する。支払家賃として未払分¥5,000を加算する仕訳である。

⑥ 保険料の前払分を繰延べる。支払保険料を¥1,000（2ヶ月分）減算する仕訳である。

⑦ 仮受消費税から仮払消費税を差引いた差額¥12,500を納税額として，未払消費税勘定（負債）で処理する。

3．決算本手続

　決算本手続では，決算予備手続に基づいて帳簿上で実際に記帳処理を行い，最終的に帳簿を締切って期間的な区切りをつける。以下，決算本手続の手順を紹介する。

（1）精算表を利用しての各勘定の修正記入

　決算本手続では，まず精算表の修正記入欄を利用して，総勘定元帳の各勘定の修正記入を行う。ここでの仕訳を決算整理仕訳という。この時，修正記入後の総勘定元帳記録の正否を検証するために決算整理後試算表が作成されること

がある。

（2）損益勘定の設定と決算振替仕訳

　次に損益勘定を設定し，収益・費用の各勘定残高を損益勘定に振替える（振替とは，ある勘定の金額を他の勘定へ移動させる手続のことである）。この時，損益勘定の貸方に収益の各勘定残高を，借方に費用の各勘定残高を振替えることにより当期純損益が計算される。

　この後，損益勘定残高を繰越利益剰余金勘定へ振替える。この時，損益勘定の貸方には収益の勘定残高が，借方には費用の勘定残高が振替えられているため，損益勘定の貸借差額（残高）は当期純損益を意味する。これらの一連の仕訳を決算振替仕訳という。

図表12－ 4　損益勘定への振替え

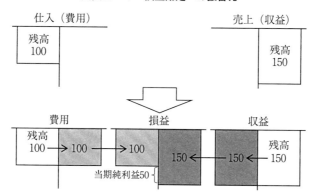

（3）収益・費用の各勘定と損益勘定の締切

　収益・費用の各勘定と損益勘定については，借方合計と貸方合計が一致していることを確認したのちに，締切る。

（4）資産・負債・純資産（資本）の各勘定の締切，各勘定の繰越

資産・負債・純資産（資本）の各勘定を締切る方法には英米式決算法と大陸式決算法という2つの方法が存在する（第2章）。どちらの方法を採用するかによって資産・負債・純資産（資本）の各勘定を締切る際の手続が異なる（本章の例題では英米式決算法を取り扱う）。

英米式決算法では，資産・負債・純資産（資本）の各勘定残高は次期へと繰越すので，勘定の貸借差額を当期末の日付で「次期繰越」と朱書き（またはカッコ書き）し，借方と貸方の合計金額を一致させて締切る（繰越記入）。続いて，「次期繰越」と記入した逆側に，翌期首の日付で，「前期繰越」と繰越額を記入する（開始記入）。

一方，大陸式決算法では，決算残高勘定を設定し，資産・負債・純資産（資本）の各勘定残高を決算残高勘定に振替えるための仕訳を行い，この決算振替仕訳を総勘定元帳へ転記した後，各勘定を締切る。そして，翌期首に開始残高勘定を設定して開始仕訳を行い，この仕訳を総勘定元帳の各勘定へ転記する。

例題 12 − 2 例題12−1の8桁精算表によって，仕訳帳で決算整理仕訳を行い，総勘定元帳に転記して締切りなさい。

解答

仕　訳　帳

20×2年		摘　　　要	元丁	借　方	貸　方
		（期中の取引の合計）		1,337,500	1,337,500
		決算仕訳			
3	31	（貸 倒 引 当 金 繰 入）		3,500	
		（貸 倒 引 当 金）			3,500
	〃	（仕　　　　　　　　入）		24,000	
		（繰 越 商 品）			24,000
	〃	（繰 越 商 品）		35,000	
		（仕　　　　　　入）			35,000
	〃	（減 価 償 却 費）		13,500	
		（備品減価償却累計額）			13,500
	〃	（未 収 利 息）		4,500	
		（受 取 利 息）			4,500
	〃	（支 払 家 賃）		5,000	
		（未 払 家 賃）			5,000
	〃	（前 払 保 険 料）		1,000	
		（支 払 保 険 料）			1,000
	〃	（仮 受 消 費 税）諸　　　　口		37,500	
		（仮 払 消 費 税）			25,000
		（未 払 消 費 税）			12,500
	〃	諸　　　　口（損　　　　益）			384,500
		（売　　　　　　　　上）		375,000	
		（受 取 利 息）		9,500	
	〃	（損　　　　益）諸　　　　口		383,500	
		（仕　　　　　　入）			239,000
		（給　　　　料）			58,500
		（支 払 家 賃）			60,000
		（支 払 保 険 料）			9,000
		（貸 倒 引 当 金 繰 入）			3,500
		（減 価 償 却 費）			13,500
	〃	（損　　　　益）		1,000	
		（繰 越 利 益 剰 余 金）			1,000
				893,000	893,000
4	1	前 期 繰 越 高		425,500	425,500

現　　金			
	100,000		85,000
		3/31 次期繰越	15,000
	100,000		100,000
4/1 前期繰越	15,000		

受取手形			
	200,000		90,000
		3/31 次期繰越	110,000
	200,000		200,000
4/1 前期繰越	110,000		

売　掛　金			
	300,000		160,000
		3/31 次期繰越	140,000
	300,000		300,000
4/1 前期繰越	140,000		

繰越商品			
	24,000	3/31 仕　入	24,000
3/31 仕　入	35,000	〃　次期繰越	35,000
	59,000		59,000
4/1 前期繰越	35,000		

仮払消費税			
	25,000	3/31 仮受消費税	25,000

備　　品			
	120,000	3/31 次期繰越	120,000
4/1 前期繰越	120,000		

未収利息			
3/31 受取利息	4,500	3/31 次期繰越	4,500
4/1 前期繰越	4,500		

前払保険料			
3/31 支払保険料	1,000	3/31 次期繰越	1,000
4/1 前期繰越	1,000		

支払手形			
	75,000		175,000
3/31 次期繰越	100,000		
	175,000		175,000
		4/1 前期繰越	100,000

買　掛　金			
	120,000		200,000
3/31 次期繰越	80,000		
	200,000		200,000
		4/1 前期繰越	80,000

仮受消費税			
3/31 諸　口	37,500		37,500

未払消費税			
3/31 次期繰越	12,500	3/31 仮受消費税	12,500
		4/1 前期繰越	12,500

未払家賃			
3/31 次期繰越	5,000	3/31 支払家賃	5,000
		4/1 前期繰越	5,000

貸倒引当金			
3/31 次期繰越	7,500		4,000
		3/31 貸倒引当金繰入	3,500
	7,500		7,500
		4/1 前期繰越	7,500

備品減価償却累計額

3/31	次期繰越	94,500			81,000
			3/31	減価償却費	13,500
		94,500			94,500
			4/1	前期繰越	94,500

資　本　金

3/31	次期繰越	100,000			100,000
			4/1	前期繰越	100,000

繰越利益剰余金

3/31	次期繰越	26,000			25,000
			3/31	損　　益	1,000
		26,000			26,000
			4/1	前期繰越	26,000

売　　上

3/31	損　　益	375,000		375,000

受取利息

3/31	損　　益	9,500			5,000
			3/31	未収利息	4,500
		9,500			9,500

仕　　入

		250,000	3/31	繰越商品	35,000
3/31	繰越商品	24,000	〃	損　　益	239,000
		274,000			274,000

給　　料

	58,500	3/31	損　　益	58,500

支払家賃

		55,000	3/31	損　　益	60,000
3/31	未払家賃	5,000			
		60,000			60,000

支払保険料

		10,000	3/31	前払保険料	1,000
			〃	損　　益	9,000
		10,000			10,000

貸倒引当金繰入

3/31	貸倒引当金	3,500	3/31	損　　益	3,500

減価償却費

3/31	備品減価償却累計額	13,500	3/31	損　　益	13,500

損　　益

3/31	仕　　入	239,000	3/31	売　　上		375,000
〃	給　　料	58,500	〃	受取利息		9,500
〃	支払家賃	60,000				
〃	支払保険料	9,000				
〃	貸倒引当金繰入	3,500				
〃	減価償却費	13,500				
〃	繰越利益剰余金	1,000				
		384,500				384,500

（5）繰越試算表の作成

　上述したとおり，英米式決算法では，資産・負債・純資産（資本）の各勘定を締切る時に各勘定口座で繰越記入を行うため，損益勘定のような各勘定を集める勘定（残高勘定）がない。したがって，英米式決算法では，**繰越試算表**を作成することによって，次期繰越記入の正確性を検証する。繰越試算表とは，資産・負債・純資産（資本）の各勘定口座の次期繰越高（または前期繰越高）を集合させた一覧表である

> **例題 12 － 3**　例題 12 － 2 の総勘定元帳の記録から繰越試算表を作成しなさい。

解答

繰 越 試 算 表
20×2 年 3 月 31 日

借　　　方	元丁	勘　定　科　目	貸　　　方
15,000		現　　　　　　　金	
110,000		受　　取　　手　　形	
140,000		売　　　掛　　　金	
4,500		未　　収　　利　　息	
1,000		前　払　保　険　料	
35,000		繰　　越　　商　　品	
120,000		備　　　　　　　品	
		支　　払　　手　　形	100,000
		買　　　掛　　　金	80,000
		未　　払　　家　　賃	5,000
		未　払　消　費　税	12,500
		貸　倒　引　当　金	7,500
		備品減価償却累計額	94,500
		資　　　本　　　金	100,000
		繰　越　利　益　剰　余　金	26,000
425,500			425,500

4．財務諸表の作成

　決算本手続終了後，その結果を報告するために損益計算書や貸借対照表など
の財務諸表が作成される。損益計算書は，決算によって明らかとなった当該会
計期間の経営成績を示すために作成され，貸借対照表はその期末の財政状態を
示すために作成される。

　損益計算書と**貸借対照表**の形式には勘定式と報告式の2つがある。勘定式は
借方と貸方に分けて記入する方法で，報告式は借方と貸方に分けず，縦に並べ
て記入する方法である。本書では，勘定式についてのみ学習する。

（1）損益計算書の作成

　損益計算書は，一会計期間の費用と収益を対応させ，当期純利益（または当
期純損失）を計算し，当該会計期間における経営成績を明らかにするための報
告書である。損益計算書は損益勘定に基づいて作成される。

　損益計算書は報告書であるため，記載事項がその内容を端的に表す必要があ
り，損益勘定に記帳されている勘定科目とは表示が異なるものがある。たとえ
ば，損益勘定上の売上は，損益計算書においては「売上高」と表示される。そ
の他，損益勘定上の仕入，繰越利益剰余金は，損益計算書においてそれぞれ
「売上原価」，「当期純利益（当期純損失）」と表示される。

> **例題 12 － 4** 例題 12 － 2 の総勘定元帳の損益勘定から損益計算書を作成しなさい。
>
> ※問題集 p.86, 問題 4 へ

解答

損 益 計 算 書

20×1 年 4 月 1 日から 20×2 年 3 月 31 日まで　　　（単位：円）

費　　用	金　　額	収　　益	金　　額
売 上 原 価	239,000	売 上 高	375,000
給　　　料	58,500	受 取 利 息	9,500
支 払 家 賃	60,000		
支 払 保 険 料	9,000		
貸倒引当金繰入	3,500		
建物減価償却費	13,500		
当 期 純 利 益	1,000		
	384,500		384,500

解説　損益勘定上の売上は「売上高」として，仕入は「売上原価」として，繰越利益剰余金は「当期純利益」としてそれぞれ表示する。

（2）貸借対照表の作成

　貸借対照表は，会計期末の資産項目と負債・純資産（資本）項目の残高を対照して示し，期末の財政状態を一覧表示する報告書である。貸借対照表は繰越試算表に基づいて作成される（英米式決算法）。なお，大陸式決算法においては，上述の決算残高勘定を利用して，貸借対照表を作成する。

　貸借対照表も報告書であるため，記載事項が繰越試算表（英米式決算法）や決算残高勘定（大陸式決算法）に記されている勘定科目と異なることがある。たとえば，繰越商品は「商品」と表示される。その他，各経過勘定は，それぞれ一括して「前受収益」「前払費用」「未収収益」「未払費用」と表示される。

　また，貸倒引当金や減価償却累計額などの評価勘定は，対応する資産から控除する形式で表示する。加えて，繰越利益剰余金は決算整理前の金額に当期純利益（当期純損失）を加算（減算）して表示する。

例題 12 − 5　例題 12 − 3 の繰越試算表から貸借対照表を作成しなさい。

※問題集 p.86, 問題 4 へ

解答

貸 借 対 照 表
20×2 年 3 月 31 日　　　　　　　　（単位：円）

資　　産	金　額		負債および純資産	金　額
現　　　　　金		15,000	支 払 手 形	100,000
受 取 手 形	110,000		買 掛 金	80,000
貸 倒 引 当 金	3,300	106,700	未 払 費 用	5,000
売 掛 金	140,000		未 払 消 費 税	12,500
貸 倒 引 当 金	4,200	135,800	資 本 金	100,000
商　　　　　品		35,000	繰越利益剰余金	26,000
未 収 収 益		4,500		
前 払 費 用		1,000		
備　　　　　品	120,000			
減価償却累計額	94,500	25,500		
		323,500		323,500

解説　繰越商品は「商品」と表示する。また，貸倒引当金や減価償却累計額は，それぞれの対応する資産から控除する形式で表示し，繰越利益剰余金は決算整理前の金額に当期純利益を加算することに注意する。

　なお，貸倒引当金は受取手形，売掛金それぞれから控除する。

　貸倒引当金（受取手形）：￥110,000×3％＝￥3,300

　貸倒引当金（売 掛 金）：￥140,000×3％＝￥4,200

索　引

《著者紹介》（執筆順）

竹中　徹（たけなか・とおる）担当：第2章
　　淑徳大学経営学部教授

中川仁美（なかがわ・ひとみ）担当：第3，7章
　　作新学院大学経営学部准教授

沼　惠一（ぬま・けいいち）担当：第4，5章
　　税理士

菅森　聡（すがもり・さとし）担当：第6，9章
　　沖縄国際大学産業情報学部准教授

相川奈美（あいかわ・なみ）担当：第8章
　　名城大学経営学部准教授

麻場勇佑（あさば・ゆうすけ）担当：第12章
　　駿河台大学経済経営学部准教授

《編著者紹介》

村田直樹（むらた・なおき）担当：第1章
- 1953 年　東京都に生まれる
- 1983 年　日本大学大学院経済学研究科博士後期課程満期退学
- 1987 年　ロンドン大学歴史研究所研究員
- 1995 年　長崎県立大学教授
- 2003 年　博士（経済学）（九州大学）
　　　　　淑徳大学教授，日本大学教授を経て，現在，元日本大学
　　　　　経済学部教授

野口翔平（のぐち・しょうへい）担当：第10，11章
- 1988 年　埼玉県に生まれる
- 2017 年　日本大学大学院経済学研究科博士後期課程修了
　　　　　博士（経済学）（日本大学）
　　　　　宮崎学園短期大学講師
- 2018 年　日本大学経済学部助教
- 2021 年　日本大学経済学部専任講師

（検印省略）

2020 年 5 月 20 日　初版発行　　　　　　　　　略称—テキスト（基礎）
2023 年 5 月 20 日　第二版発行

簿記のテキスト ［基礎編］［第二版］

編著者　村田直樹・野口翔平
発行者　塚田尚寛

発行所　東京都文京区　　株式会社　**創 成 社**
　　　　春日 2-13-1

　　　　電　話　03 (3868) 3867　　　F A X　03 (5802) 6802
　　　　出版部　03 (3868) 3857　　　F A X　03 (5802) 6801
　　　　http://www.books-sosei.com　振　替　00150-9-191261

定価はカバーに表示してあります。

©2020, 2023 Naoki Murata　　組版：緑 舎　印刷：エーヴィスシステムズ
ISBN978-4-7944-1578-3 C3034　製本：エーヴィスシステムズ
Printed in Japan　　　　　　　落丁・乱丁本はお取り替えいたします。